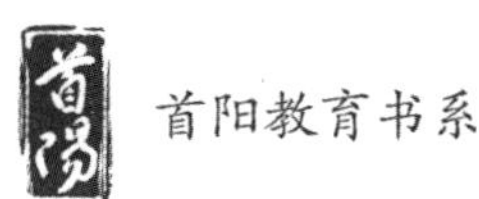
首阳教育书系

高校英语教学与教师专业发展路径探究

张悠然◎著

陕西师范大学出版总社　西安

图书代号 JY24N2085

图书在版编目（CIP）数据

高校英语教学与教师专业发展路径探究 / 张悠然著.
西安 : 陕西师范大学出版总社有限公司, 2024. 9.
ISBN 978-7-5695-4699-6

Ⅰ. H319.3

中国国家版本馆 CIP 数据核字第 2024E4V260 号

高校英语教学与教师专业发展路径探究

GAOXIAO YINGYU JIAOXUE YU JIAOSHI ZHUANYE FAZHAN LUJING TANJIU

张悠然　著

出 版 人　刘东风
出版统筹　杨　沁
特约编辑　刘会娟
责任编辑　汤　凡　刘　岩　马文星
责任校对　孙　哲
封面设计　知更壹点
出版发行　陕西师范大学出版总社
（西安市长安南路 199 号　邮编　710062）
网　　址　http://www.snupg.com
印　　刷　河北赛文印刷有限公司
开　　本　710 mm×1000 mm　1/16
印　　张　10.75
字　　数　215 千
版　　次　2024 年 9 月第 1 版
印　　次　2024 年 9 月第 1 次印刷
书　　号　ISBN 978-7-5695-4699-6
定　　价　65.00 元

电话：（029）85308697

作者简介

张悠然，1989 年 6 月生，祖籍山东菏泽，英国纽卡斯尔大学口译硕士，讲师，现任教于山东科技大学外国语学院英语系；主要研究方向为口笔译理论与实践；已出版《梦女》《水的重量》等十余部译著。

前 言

随着经济全球化的深入发展，各国之间的交流与合作日益频繁。在此背景下，英语作为沟通工具越来越受到重视，英语教学也愈加重要。高校英语教学不仅是高校英语教师开展教学活动的必备基础，还是提高学生语言能力、文化素养的重要途径，对培养学生的跨文化交际能力，从而使其更好地适应经济全球化背景下的国际交流与合作有着重要意义。

20 世纪 50 年代以来，提高师资队伍的整体素质一直是我国教育界关注的问题。20 世纪 80 年代欧美教育界出现“教师专业发展”的思潮之后，更坚定了我国教师教育改革实现“教师专业化”的信心。教师专业发展是以教师的个人成长为根本，以专业领域知识的明显增加为目标，以教师的知识、技能、信念、态度、情感等专业素质提升为内容的终身持续不断的动态过程。作为高等学校的教育工作者，高校英语教师承担着大学英语教学、科学研究以及社会服务三大使命。在教学环境日益复杂化、教学模式日益多元化的当代社会，高校英语教师想要有效提高自身的专业素质、教学能力，从而真正实现自身的专业发展，还将依赖于高校英语教师及高校英语教师教育领域相关研究者的积极探索、归纳和总结。

21 世纪，培养一支德才兼备的教师队伍是中国经济社会与文化教育发展的时代要求，也是中国教师教育的重要使命。长期以来，虽然学术界已对教师专业发展的理论和实践做了很多探究，发表了不少文章，也出版了不少专著，但对于高校英语教师教育领域的研究还不够系统和深入，需要高校英语教师将理论与实践结合起来进行探究。因此，本书就高校英语教学与教师专业发展路径探究展开论述。

本书第一章为高校英语教学概述，包括英语教学概述、高校英语教学理论、高校英语教学模式、高校英语教学思维；第二章为高校英语内容教学，包括高校英语阅读教学、高校英语语法教学、高校英语听力教学、高校英语口语教学、高校英语写作教学；第三章为高校英语教师教学角色和教学方法的转变，包括高校英语教师教学角色的转变、高校英语教师教学方法的转变；第四章为高校英语教师专业发展，包括高校英语教师的专业发展概念、高校英语教师的专业发展要素、高校英语教师专业发展的理论基础、高校英语教师专业发展的实现模式；第五章为高校英语教师专业发展的有效路径，包括学习共同体、反思性教学、教材多维度开发、课堂观察与课堂录像、教学案例与行动研究、信息素养与教学日志、合作学习与校本培训。

在撰写本书的过程中，作者参考了大量学术文献，得到了许多专家学者的帮助，在此表示真诚的感谢。但由于作者水平有限，书中难免有疏漏之处，希望广大同行及时指正。

张悠然

2024 年 9 月

目　录

第一章　高校英语教学概述

高校英语教学是高校英语教师开展教学活动的必备基础。本章为英语教学概述，主要从四个方面进行了阐述，分别是英语教学概述、高校英语教学理论、高校英语教学模式、高校英语教学思维。

第一节　英语教学概述

一、英语教学的基本策略

随着经济全球化的深入发展，世界各国的经济文化往来日益频繁，英语作为沟通的工具越来越受到重视，英语教学也越发重要。

（一）语音是基础，需采取肯定的教学方式

英语教学的第一步是语音。语音是英语教学的基础和根基，之后的阅读、口语和写作等都是在此基础上搭建的。语音教学之所以重要，是因为这对于增强学生学习英语的信心十分重要。如果学生对自己的语音充满自信，那么在之后的学习中学生就敢于开口、乐于开口，学生的英语学习才能实现质的飞跃。

学生对发音是否自信涉及评价标准问题。那么多学生学习英语十几年还是“羞于开口”，难道是真的“害羞”吗？不是，更准确地说是不自信。大多数英语学习者（无论是在校学生还是参加继续教育的成人）可能都会向教师提出这样一个问题：“我的发音是不是不好？”这其实就涉及语音评价标准问题。什么样的发音是“好”的呢？作为非母语的英语学习者，发音方面要与母语国家的人完全相似是有一定困难的，如英语中的英式腔、美式调，多数中国人想要做到一模一样比较困难。帮助学生确定正确的评价标准是教师引导他们树立信心的关键。教师需要正确引导学生，让他们了解纵使英语母语国家的不同地区、不同年龄、不

同性别的人发音也绝对不会完全相同，更何况是非母语国家的人。学生不要因为标准过高而自我否定，导致信心缺乏，在后续的学习中顾虑重重。

英语语音教学的三大关键是严格传授知识、确定正确的评价标准、鼓励学生获得信心。英语语音教学中，教师首先要让学生全面细致地掌握好发音及发音规则，同时要让学生对语音的好坏有正确的认识，帮助学生肯定自己，鼓励学生树立信心。在知识传输、及时纠错的同时，教师应采用肯定的教学方式，不断鼓励学生，培养学生对自我英语发音的欣赏意识，使学生喜欢上自己的英语发音，从而正确引导学生树立对语音掌握的自信。

（二）语法教学必不可少，但一定要掌握适度原则

如果将英语学习整个过程比喻成建一栋房子，那么语音、词汇就是它的砖瓦，语法就是其钢筋铁骨。语法的教学内容要适度，既要全面覆盖常用英语的情况，又要防止因过分钻牛角尖、研究过深，而歪曲了学习语法的真正目的。因此，在英语教学中语法内容一定要适度、实用。教师要注重语法的实用性，并通过实际运用、反复练习，帮助学生充分掌握语法规则，使学生能够灵活运用、快速反应。所谓熟能生巧，即某一内容体系反复被提起、运用，渐渐就形成了语言的框架。一旦这个框架根深蒂固地扎根在脑海里，其语感、英语语言思维方式便随之逐步形成。最后，当学生在运用的过程中不需要去重温语法条例而能迅速自如且正确地用英语表达时，语法的学习就真正达到了目的。因此，英语语法教学一定要把握内容适度、反复练习两大原则。

（三）语用教学要抓住重点，引导学生形成语感和英语语言思维方式

语用指的是语言的实际运用，包括语言的一切使用行为，如听、说、读、写等，即教师设置一种场景、安排一项任务，让学生使用英语去完成。语用教学包括听力、阅读、会话、写作等多项内容，其采取的方式也是多样化的。语用教学中，教师应当帮助学生把握好任务的中心。例如，听力的目的是听懂会话或演讲；阅读重在明白大意、把握中心意思；会话要求达到交流的畅通，自己的表达能被他人理解的同时，也能理解他人的表述；写作是用英语构思，用英语阐述。同时，在语用教学的过程中，教师帮助学生获得语感是十分重要的，而且语感的形成应当潜移默化，最好在英语教学中多设置一些英语使用环节，让学生用英语去分析

问题、解决问题。同时，学生的语感是在解决问题的过程中自然而然形成的，如阅读的首要任务是理解大意，而不是发现生词、查阅词典，因此阅读时教师要引导学生忽略生词，联系上下文理解文章大意即可，在此过程中，教师可以帮助学生获得语言能力，形成语感。如果在完成阅读的第一任务时，还能增加词汇量当然会更好，但对生词的学习一定是在把握文章大意之后。

英语语言思维方式就是指思考的过程中采用的语言也是英语，如在英语语言思维方式下，如果认为一道菜好吃，那么表达不能是“这道菜好吃”，而是“It's so delicious”（它太美味了）。在英语听、说、读、写等语用教学中，教师应当设置好环境、把握好重点，正确引导学生的语言思维方式和目标方向。教师应充分运用潜移默化式的教学手段，帮助学生形成语感和英语语言思维方式，让英语的使用自然而然地成为一种本能。

二、英语教学的基本思路

（一）教师应注重自身全面素质的提高

在当今经济全球化时代，英语作为国际通用语言，对学生的未来发展具有重要意义。因此，英语教师需要不断学习和更新自己的教育理念，提高自己的教学水平，以更好地满足学生的需求。英语教师应该加强对各方面教育理论的学习，包括教育学、心理学、语言学等方面的知识。这些理论知识可以帮助教师更好地了解学生的心理和认知规律，掌握有效的教学方法，增强教学效果。英语教师需要学习有关英语教与学的心理知识。语言学习是一个复杂的过程，涉及多个方面的心理因素。教师需要了解学生的学习动机、兴趣、情感等方面的心理特点，以更好地引导和帮助学生。在加强自我学习的基础上，英语教师应积极参加再教育学习、接受再培训，不断提高专业水平，进行知识更新，甚至是教育理念的更新。教师需要不断纠正自己的语音、语调以及提高使用现代化外语教学技术等能力。通过到校外观摩，英语教师要学习名师的教学方法和教学技巧，并将其运用于自己的课堂教学中，以提升教学技能。在教学工作中，英语教师应多参加教研教改活动：经常参加听课、讲课、评课活动，与同事进行交流；经常参加集体备课、课堂教学专题研究、优质课评比等活动。这些活动可以促进教师之间的交流和合作，提高教师的教学水平。

（二）教师应以素质教育为基础，倡导人性化英语教学模式

人性化教育，又被称为人本教育，是一种尊重个体、关注人性的教育理念。

这种理念强调在教育过程中，知识接受者不仅是教育的对象，更是教育的主体。人性化教育注重培养学生的主体意识，激发他们的学习积极性和创造性，使他们能够独立思考、自主选择，从而成为具有独立人格的个体。随着知识经济的兴起，人性化教育已成为一种世界性的教育潮流。在知识经济时代，知识是最重要的生产要素，而创新是知识经济的核心。因此，教育必须注重培养学生的创新意识和创新能力，使他们能够适应知识经济时代的发展需求。人性化教育的实施需要充分考虑到学习主体的个性特征。每个学生都是独特的个体，拥有不同的兴趣、爱好、天赋和学习方式。因此，教师应该根据学生的个性特征，采用灵活多样的教学方法和手段，激发学生的学习兴趣，提高学生的学习积极性，使每个学生都能够得到充分的发展。

（三）教师要进行多元化教学，实施网络环境的英语教学新模式

现代社会信息渠道的多元化为学生的学习提供了更多的途径。在实施素质教育的过程中，教师应考虑如何通过多样化的教学形式，将学生学习能力的培养有机地渗透到整个教学过程中。这需要教师积极探寻并运用有效的教学方法和手段来激发学生的学习兴趣，提高他们的学习效率。教师可以通过形式多样的教学方法来调动学生的积极性，如可以采用互动式教学、小组讨论、案例分析、角色扮演等多种形式的教学方法，这些方法可以让学生更加主动地参与到学习中来，提高他们的学习效率。此外，教师还可以利用现代科技手段，如多媒体教学、网络教学等，通过形象生动的图片、视频等形式，让学生更加直观地了解知识，增强他们的学习兴趣。教师在教学过程中应注意文化的教育。语言是文化的载体，也是文化最主要的表现形式。因此，在英语教学中，教师应当注重对英语词汇的文化内涵和文化背景的介绍与展示，以帮助学生更好地理解词汇的含义和用法。同时，教师还应当引导学生了解不同民族的文化、历史、风俗习惯和风土人情等方面的知识，让学生更好地了解和尊重不同民族的文化差异，提高他们的跨文化交流能力。随着时代的变化和社会的发展，英语教师应当不断更新和改进教育教学观念，应当不断学习和探索新的教学方法和手段，以满足时代的需求和学生发展的需要。同时，教师还应当积极参与素质教育的实践，走进新课程，拥有新思想，迎接新挑战。教师只有不断学习和实践，才能不断提高自己的教育教学水平，更好地服务学生和社会。

三、英语教学的基本原则

（一）英语教学应遵循的原则

1. 了解学生，有的放矢

作为英语教师，全面深入了解学生的英语基础是至关重要的。一些英语基础薄弱的学生可能缺乏学习英语的动力，甚至没有养成良好的学习习惯。在这种情况下，英语教师必须有足够的耐心和信心，帮助他们从基础开始学习。如果教师不了解学生的英语基础，就很难制定出适合他们的教学内容和教学方法。教师可以采取多种方式掌握学生的基本情况。一是教师可以对学生进行英语水平测试，了解他们的英语基础和学习风格。二是教师可以与学生进行交流，了解他们的学习需求和动机。通过这些方式，教师可以更好地了解学生，从而制定出更加有针对性的教学内容和教学方法。这对于提高学生的英语学习效率和兴趣具有重要的作用。

2. 激发兴趣，永不言弃

兴趣是最好的老师。对于英语教师来说，激发学生的英语学习兴趣是至关重要的。以下是一些建议，以帮助英语教师激发学生学习英语的兴趣。

首先，教师上课时要充满激情。英语教师需要把每一堂课当作一次演讲，把每一个学生当作重要的听众。在上课时，教师应该以积极向上的精神状态出现在学生面前，传递正能量和积极的信息。通过饱满的热情和富有感染力的讲解，教师可以吸引学生的注意力，使他们更加专注于课堂内容。

其次，教师上课时，要善于运用幽默的教学内容。幽默能够让课堂氛围更加轻松愉快，同时也能拉近师生之间的距离。在英语教学中，教师可以运用一些幽默的例子、比喻或故事来解释英语知识，让学生在欢笑中掌握知识。幽默内容的运用不仅可以增加课堂的趣味性，还能让学生更加喜欢英语课。

再次，教师每堂课教授学生一句简短的英语名言，容易让学生获得成就感。英语名言语句优美，又蕴含着深刻的道理。在教学中，教师可以挑选一些简短易记的英语名言，让学生在学习中不断积累。当学生能够流利地背诵出这些名言时，他们会感到非常有成就感，这也能够激发他们的学习兴趣。

最后，英语课要面向全体，不放弃每一个学生。英语教师应该关注每一个学生的英语学习情况，争取让每一个学生都对英语保持一份热爱。对于基础薄弱的学生，教师应该给予更多的关心和支持，帮助他们克服学习困难、提高学习效率。

3. 选好助手，齐心协力

在英语课堂上，教师想要较好地完成活动任务，不能仅仅依靠自己一个人的力量。教师对学生进行分组并选定小组长作为自己的助手，可以更有效地组织学生开展学习活动。小组长可以协助教师维持小组内的学习秩序，确保每个学生都能积极参与课堂活动。同时，小组长还可以起到榜样作用，带领其他学生一起努力学习，形成良好的学习氛围。

对于英语基础薄弱的学生来说，难度不大的教学内容可能他们学起来也会有些吃力。这就需要教师一步步地指导、耐心地讲解，直到他们理解并掌握为止。同时，教师可以鼓励学生之间互相帮助，让英语基础较好的学生帮助基础薄弱的学生，共同学习，共同进步。这种学生之间的互助合作不仅可以提高学习效率，还能培养学生的团队协作精神和沟通能力。在小组活动中，学生可以相互学习、相互借鉴、共同成长。同时，小组之间的竞争也可以激发学生的学习动力，提高他们的学习积极性。

4. 提升能力，精益求精

要上好英语课，教师就要不断提升自身的业务能力。首先，教师需要具备扎实的英语基础和广泛的文化知识，这样才能更好地教授学生。其次，教师需要具备良好的教学能力和组织能力，能够运用各种教学方法和手段，引导学生积极参与课堂活动。在课堂教学中，教师的主导作用至关重要。他们需要掌控课堂节奏，引导学生思考和表达，同时也要善于激发学生的学习兴趣和动力。为了更好地发挥主导作用，教师需要在备课时充分准备，制订合理的教学计划，并合理安排教学内容和教学方法。最后，积极参加业务能力培训也是提升教师教学水平的重要途径。通过参加培训，教师可以学习最新的教学方法和理念，了解最新的教育动态和技术，不断提升自己的教学能力和素质。在教学上精益求精是每个英语教师的追求。他们需要不断提升自己的教学水平，不断探索和创新，寻找更适合学生的教学方法和手段，为学生的英语学习提供更好的指导和帮助。

（二）多媒体网络环境下的英语教学原则

英语教学是一项复杂的具有创造性的认知活动，其内涵所指是语言、文学、文化。随着网络和多媒体技术的飞速发展，教师在英语教学过程中需要不断探索和创新，寻找更适合学生的教学方法和技术手段，不断提升自己的教学能力和素质。同时，学生也需要积极参与课堂活动，发挥自己的主观能动性，不断提高自己的英语水平。于是，基于多媒体网络环境的英语教学原则产生了，它包括主导式自主学习原则、多元互动教学原则和多元评价原则。它将学、教、评有机整合，形成一个兼容共存、三位一体的新型教学生态联动机制。该原则借助自身固有的导向功能，将主动认知与互动体验引入英语教学，强调英语教学体系内部良性循环与外部网络环境独特优势的协调与交融。这一原则的实施可以有效地推动英语教学过程交际化和社会化，从而实现非目的语环境下英语教学效能的最大化和英语教育质量的最优化。

主导式自主学习原则是这一组合原则的核心。在英语教学中，教师需要发挥主导作用，引导学生自主学习，培养他们的自主学习能力和终身学习的意识。同时，教师也需要注重学生的个体差异，根据不同学生的需求和特点，采用不同的教学方法和手段，提高教学效果。多元互动教学原则是这一组合原则的重要支撑。在英语教学中，教师要注重学生的参与和互动，通过小组讨论、角色扮演、游戏等方式，激发学生的学习兴趣和动力。同时，教师也要注重课堂氛围的营造，让学生在轻松、愉悦的氛围中学习英语。多元评价原则是这一组合原则的保障。在英语教学中，教师需要采用多种评价方式，如自评、互评、实践评价等，全面、客观地评价学生的学习成果和表现。同时，教师也需要注重评价结果的反馈和应用，以便于自己及时调整教学策略和方法，增强教学效果。基于多媒体网络环境的英语教学原则的探究，是基于新环境对英语教育意义的重新审读和悉心辩证。这一原则的实施意味着对英语教学的形态和功能、教学品质和价值与网络教学环境契合度和交融度的理性思考。同时，这也是英语教学主导价值观与时俱进、不断求新的自觉追求。其终极目标是将知识转化为智慧，将理论转化为应用，将文明转化成人格。

1. 主导式自主学习原则

广义地讲，“学生为主体，教师为主导”既是一种教学模式，又是一种教学理念，既是在相关教学理论与实践框架指导下，为达到一定的教学目标而构建的教学活动结构和教学方式，又是一种对语言本质特征、教学对象、教学目标等深层的认识与理解。

主导式自主学习是一种具有累积性及目标指向性的学习模式，即学生在总体教学目标的宏观调控和教师的指导下，根据自身条件和需要制定并完成具体学习目标的学习模式，其表现形式为教师的参与度和干预度与学生的能动性和独立性的有机结合与良性循环。需要说明以下两点。①主导指教师创造一种直接的相关学习环境，指导学生通过感知认识能力建构对周围世界的认识，它包括启发式的讲解与传授、引导式的思考与探究、协商互动式的语言输出与实践等。它是以主动认知、自我发展为预设的，具有鲜明的指向性和目的性，是由下而上、由浅入深、循序渐进的意义建构，是学生主动认知建构的基础，是内化认知主体自主性的前提。②自主，从认知层面上讲，是一种相对于依赖教师指导而言的一定程度上的独立学习方式，而非自由学习。它是由学生的态度、能力和学习策略等因素综合而成的一种主导学习内在机制，即它需要学生具备积极的学习态度、明确的学习目的、有效的学习方法和较强的认知能力。它强调目标引导下的自我调控、主动参与和自我实现，其能力体现在自我计划、监控和评估上。它是教学的延伸和补充，是保证教学质量的基本条件。

2. 多元互动教学原则

教学就是人与人主体间进行思想、感情、信息交流的过程，教学效果不取决于教，也不取决于学，而取决于教与学主体之间互动的结果。

多元互动教学是指网络环境下英语教学中的师生、生生和人机之间的相互作用和相互影响。它是一个以促进学习主体认知重组为宗旨，全方位、多层次的双边相互交流、互为对话的意义建构机制。它使现代课堂教学的教师、学生、教材和媒体几大教学要素之间形成了立体的信息交流和传递网络，在多媒体网络化教学的综合作用下，将学生置于真实或拟真的目的语学习环境中，运用语言知识，运用听、说、读、写技巧，通过观察、模仿一系列的语言实践活动，经过不断试验、探索、操作、反思及修正，使学生逐渐掌握语言知识或技能的意义。多元互动包括语言的输入与输出，强调信息处理的双向性和多向性，强调教学主体间在此过程中对知识意义的磋商、推理和建构，并认为语言习得是一个在特定的语言环境中，在主动认知的驱动下，学生自己与各种因素相互作用，逐步将知识理解、整合、建构的过程。从这个意义上讲，互动在语言教学活动中被视为语言使用最本质的特征，是学英语的必经之路。

教学实践表明，互动性是学生认知图式不断更新、扩展和升级的基本特征，它将学习活动、愿望、兴趣和需求融为一体，是培养兴趣、发展个性、认识世界、整合知识、提高意义建构效率的有效手段和前提基础。在多媒体网络环境下，多元互动有助于学生将有意义的可理解性的语言输入与输出，从而学以致用、以用促学；有助于激发学生的学习兴趣和潜能、增强学生的自信心和成就感；有助于学生之间相互认知、取长补短、合作竞争；有助于学生张扬个性和发挥创造性，强化学生主动参与和自我发展意识。

3. 多元评价原则

教学评价是教学系统中的一个主要有机组成部分，也是实现教学目标的重要保证。对英语教学的评价必须充分考虑各种影响因素，如社会对英语能力的要求、英语教与学的条件、师资水平、教学目标、教学手段、学生的智力和非智力因素等，如此才能充分实现和发挥教学评价对教学的诊断、导向、激励、反思、改进、鉴定和咨询的决策功能与反拨作用。

目前，我国的英语教学创新正在全力推行基于多媒体网络技术的课堂教学模式，追求的是自我教育、自我认知、自我成长、自我调控和自我评价的教学理念，强调学习、教学、评价有机结合、同现共存，注重培养学生英语综合运用能力、自主学习能力以及与人合作和交往的能力。

在实际教学中，能否实现上述人才培养目标及进一步深化英语教学创新，不仅取决于教师的教学方法、教学手段与学生的学习策略、学习动机，也取决于与之相配的教学评价模式的多元性（即多元评价机制），取决于其能否全面、客观地体现“教师主导，学生主体”式教学的本质特征，为教与学提供及时、准确的反馈信息。

多元评价是指参与评价主体的多元性、采用评价手段的多样性，以及评价标准的多维性，即由教学管理者、教师、学生等共同参与，采用形成性评价与终结性评价、传统测评与网络测评、互动式测评与常规测评，以及教师评、学生自评与学生互评等方式，收集并利用相关信息对教学、学习和课程等进行全面综合评价。

它以建构主义理论为依据，以促进学习、改进教学、完善课程体系、提高教学质量为评价的终极目标。它不仅关注教学成果和学生成绩，更关注课堂教学环节和过程，关注评价对象的个体差异和个体发展，关注学生自我反思和自我教育，激励学生参与不同场合和形式的教学活动、亲身体验自主与合作、感受知识意义的主动建构与实践、了解自己的学习现状与潜能、明晰努力方向与内在动机、增强自信心与成就感。也就是说，网络环境下的多元教学评价是一个灵活开放、多维立体交叉、多项组合的评价体系，它包括课堂教学评估、学习档案、学习日记、问卷调查、师生座谈会和访谈、督导检查、校内考试与校外统考等。在教师、学生共同参与评价的过程中，学生既是教学评价的主要对象，又是评价的重要主体之一。评价者与被评者处于平等地位，它针对教与学的所有环节实施考评与监督，既包括学习目标的合理性、学习计划的制订、学习方法和策略、学习态度、学习上的进步和困难等，也包括教师的教学态度、课堂教学方法和手段、课程设计和教学效果等。

由此可见，以发展为主旨，以促学促教为目的的多元教学评价，凭借自身固有的导引、激励、诊断、监督等功能，在彰显学生主体、教师主导的内涵所指的同时，注重将多元互动式教学引向纵深，贯串教学的全过程，重点考评学生在互动交流中练就自主，在输出实践中获取真知，在深度探究中求得思辨，在本真思辨中追寻创新，实现了自主学习、互动教学和教学评价三方的有机融合，将它们凝聚成一个具有共同教育理想诉求、教育价值取向和教育使命感的有机体，并使它们共存于英语教学大的教育生态系统之中，从而促进英语教与学的有效互动、良性循环和英语教学质量的不断提高。

第二节　高校英语教学理论

一、图式理论

英文和德文中的图式（schema）一词源于古希腊文，意为“形状、形态”，最早出现在德国哲学家康德（Kant）1781 年的著作中。康德清楚论述了在感性直观和知识性概念之间建立联系的是人类的知性过程，在这个过程中，起主要作用的就是图式。图式是连接直观和概念所需要的中介。

图式概念进入心理学领域后受到了高度重视，国外有学者用重复回忆的手段研究记忆的过程，提出记忆是积极地把新信息同图式表征的旧知识加以联系加工的过程，是反复推敲的构造。图式即过去经验和知识的主动性组织结构，新知识的构成即图式的激活和空档的填充，任何信息加工的过程都离不开图式。

瑞士著名的儿童心理学家皮亚杰（Piaget）从认知发展的角度将图式看作认知的起点和核心以及认识事物的基础。当图式发生改变时，认知会通过同化、顺应和平衡这三种方式跟着变化。在遇到新图式时，主体利用已有图式去理解接受，即同化。同化成功就达到认知平衡状态，如果不能理解新的信息，就会对已有图式加以修正、调整去顺应新图式，以达到认知平衡的状态。

二、支架式教学理论

支架本来是指建筑房屋过程中搭建的脚手架。作为一种隐喻，支架式教学理论是由美国著名教育心理学家布鲁纳（Bruner）等人在吸收并发展苏联心理学家维果茨基（Vygotsky）“最近发展区”理论的基础上提出的。“最近发展区”是由独立解决问题所决定的实际发展水平与在成人指导下或者在与能力较强的同伴合作过程中通过解决问题所决定的潜在发展水平之间的距离。成人的指导或同伴的帮助发生在学习者的实际发展水平与潜在的发展水平之间。因此，成人不仅需要了解学习者现有的发展水平，还要了解学习者潜在的发展水平，并明确两者之间的距离，从而向学习者提供帮助。

支架最重要的作用是帮助学习者向“最近发展区”迈进，支架是创设情境的过程，使学习者容易进入或获得预期结果，随着学习者技能的娴熟，教师逐渐撤回支架，并将职责交给学习者。这种观点表明了支架式教学的要素包括三个方面：一是创设情境，即将学习者引入问题情境；二是探索，即学习者在教师或同伴的帮助下获得预期结果，随着其学习水平的逐步提升，他人的指导成分一步一步减少；三是再探索，即教师最后完全撤回支架，让学习者独立地探索。这种教学模式与我国高校培养学生自主学习的教育目标是一致的。

三、人本主义学习理论

（一）人本主义学习理论的主要理论

1. 马斯洛的学习理论

马斯洛（Maslow）是美国心理学家、人本主义心理学的主要创立者。他提出了人的需求金字塔式梯级等级表，包括生理需求、安全需求、社会需求、尊重需求和自我实现需求，上述需求是由低级向高级逐级递增的，人在低级需求获得满足后开始追求高级需求的满足。[①] 这一理论即马斯洛需求层次理论。

自我实现需求是马斯洛需求层次理论的核心。他认为，个体之所以存在，之所以有生命意义，就是为了自我实现。[②] 在教育领域，受教育者首先是人，然后才是学习者，这是解决学习问题的前提和关键。在他看来，学习者要充分挖掘自身潜能，不断超越自我，这是学习者个体价值实现的必然选择，教师应当对学习者加以积极引导，为学习者创造出良好的学习环境，而不是利用外界力量来胁迫和压制学习者学习。

① 搜狐网．马斯洛人类需求五层次理论（Maslow’s Hierarchy of Needs）［EB/OL］．（2021-11-15）［2023-05-19］．https://www.sohu.com/a/501271570_121123920.

② 参考网．少女安妮追求自我实现之路：马斯洛人本主义心理学视域下的《绿山墙的安妮》［EB/OL］．（2020-02-23）［2023-07-13］．https://www.fx361.com/page/2020/0223/17761602.shtml.

2. 罗杰斯的学习理论

罗杰斯（Rogers）是美国心理学家、人本主义心理学的主要代表人物之一，他认为教育的最终目的是要培养全面发展的人，他主张以学习者为中心来组织各种教学实践活动，认为只有以学习者为中心才能促进学习者自我学习、自我实现、自我发展，才能培养学习者的独立性、自主性和创造性。①

罗杰斯在《学习的自由》一书中详细解释了他的观点。一是教师要帮助学习者增强对自我的理解，积极为学习者创立轻松和谐的学习氛围和学习环境，激发学习者的学习潜能。二是教材应当反映学习者的实际生活，能够反映目的语的社会文化特征，切合学习者的能力水平，教材的选择应当由学习者自主决定。三是教师要尊重学习者的内心感受，建立有效的沟通交流渠道，帮助学习者积极调节和疏导由各种因素引起的心理问题，给予每个学习者展现自我的机会。四是努力激励学习者积极主动地自主探究新知识，使其培养浓厚的学习兴趣，如此才能取得良好的教学效果。五是学习者不应被动地接受教师灌输的知识内容，而应主动地探索、建构知识，注重培养自主学习能力，学会自我管理、自我评价和自我提高。六是鼓励学习者多参与社会活动，培养自我求知能力。②

3. 康布斯的学习理论

按照人本主义心理学的另一位主要代表人物康布斯（Combs）的学习理论，学习活动的目的不仅仅是使学习者获得某一学科专业领域的具体知识和专业技能，更重要的是培养学习者的认知能力，即在已有知识的基础上探索建构新知识的能力。所以，教师将编写好的教学资料提供给学习者以后，学习者并不会自然地真正地习得知识，因为知识的真正含义并不是直接显示于教学资料的表面的，而是巧妙隐藏其中的。这就要求学习者善于从教学资料中发现问题、探索问题并解决问题，只有这样，学习者才能领悟到教学资料所蕴含的意义。此外，按照康布斯的学习理论，人的发展应当是全面的发展，教育要满足学习者在知识技能、情感表达、意志品质等多方面的需求，使学习者各方面的能力素质得到全面、均衡的发展和提高，以培养学习者健康、健全的人格，而不能只是机械教授学习者具体的知识或谋生的技能。这样，学习者就会在社会工作和生活中正确地处理好人与人、人与社会的复杂关系，为自己的发展创造良好的外部环境，这是教育的根本目的，也是语言教学的重要内容。所以，教师应当结合学习者的基础条件、

① 中公教师网. 罗杰斯的教育思想［EB/OL］.（2021-03-30）［2023-06-15］. http://m.jl.zgjsks.com/html/2021/xx_0330/75984.html.

② 周琴. 罗杰斯的学习理论述评［J］. 淮南职业技术学院学报，2017，17（1）：147-149.

性格特征、能力水平、成长需求等各方面因素，创设一个活泼自由、充满挑战、互助合作、学会自我尊重和尊重他人、善于调节个人生活的学习情境，为学习者的全面健康发展创造基础条件。

（二）人本主义学习理论的主要观点

从以上介绍的内容可以看出，不同的人本主义学习理论由于形成条件和研究背景的差异侧重于强调学习的不同侧面，但都基于人本主义的自然人性论。各种人本主义学习理论观点存在的联系，主要有以下几点。

第一，人本主义学习理论认为，人们在理解、探讨、建构关于自然界、人类社会和思维方式的概念体系时要基于一个基本的出发点，那就是关于人的概念和意义。人本主义学习理论强调天赋人性，关注学习者的内心世界，把个人的思想、意愿与情感等因素放在人的所有发展因素的中心地位，要求从人的主观意识出发，从整体上研究人的动机、人格。它对行为主义理论提出批判，反对把从动物研究实验中得出的结论简单移植到人类身上用以解释人的行为方式，强调既要研究人的外在行为方式更要注重研究人的内在思维特征。它对奥地利心理学家弗洛伊德（Freud）的精神分析学说提出批判，反对把研究精神病人这一特殊群体所得出的结论推理到正常人身上，强调应当把人的内在心理活动的特征规律作为研究的重点。

第二，人本主义学习理论认为，在学习过程中尤其要强调学习者自主的思想，以学习者为学习主体，以学习者能力素质的全面发展为核心，以学习者自主学习能力培养为目标。该理论鼓励学习者要充分发挥主观能动性，根据自己的需求制订合适的学习计划，选择合适的学习方法，管理自己的学习时间，掌控自己的学习进度，反馈、调整自己的学习要求，评价、反思自己的学习效果，在知识的探索、建构过程中追求个性发展，提高能力素质，实现自我价值。

第三，人本主义学习理论认为，每个学习者都有潜在的能力，教育的任务就是试图挖掘并释放每一个学习者的潜在能力。这就要求教师在教学过程中要充分了解和分析每个学习者的基础条件、能力水平、个性差异、智力结构等因素，针对不同学习者的个性化学习需求创设有针对性的多层次的可选择的顺序递进的教学情境系统，这样才能真正做到因人施策、因材施教，达成学习者的自我发展和自我实现。

第四，人本主义学习理论既重视学习者自主学习能力的培养，也重视学习者自我修养的形成，提倡学习者的全面发展。该理论鼓励建立沟通交流、合作互动、协作分享的学习方式，设计一系列丰富多彩、形式多样的学习活动，使学习者的个体学习有效融入群体学习中，以个体学习成效影响推动群体学习发展，以群体学习氛围感染、带动个体学习进步，从而营造出和谐、平等、民主的学习氛围，这能够对塑造学习者的人格特质发挥积极的作用。同伴教学或者分组学习是群体学习经常采用的有效方法，一些高校还采取了设置学习者自主学习中心的方式将个体学习与群体学习有机结合起来。

四、多元智能理论

多元智能理论主要强调个体在特定的环境下解决问题和创造的能力，而且它强调的智能并非传统的语言能力或者逻辑能力，而是多个独立的且以多元形式存在的整合型智能。从该理论的分类来看，人的智能分为八个方面，即语言智能、数学逻辑智能、空间智能、身体运动智能、音乐智能、人际智能、自我认知智能、自然认知智能，它们分别代表着不同的特点。受教育环境和个人能力的影响，不同个体的智能表现存在明显的差异，因此在教育过程中教师要关注不同个体的智能特点。除此之外，多元智能理论认为不同的智能有着同等的价值，指出教师应该在八种智能上赋予同等的关注。多元智能理论也强调实践性和开发性，关注受教育个体综合能力，提出教师要重点开发，这是决定个体多元智能水平高低的关键。[①]

第三节　高校英语教学模式

教学模式的研究、建构和应用一直为教学理论界和教师所推崇。教学模式是教学理论的具体化，它源于理论，又源于实践；它使教学理论实践化，又使教学实践概念化；它是理论的存在，又是实践的存在。因此，它使教学理论指导教学实践成为可能，两者互动变得必要，也成为必然。英语教学也不例外，模式化是任何学科学习的本质属性，也是学科教学的基本特点。

教学模式是以教学思想、教学理论为依据而构建起来的模型或范式。典型的模式有捷克教育家夸美纽斯（Comenius）的传授式教学过程模式（观察—记忆—理解—练习），德国哲学家、心理学家赫尔巴特（Herbart）的“四段论”教学模式（明了—联想—系统—方法），美国哲学家、教育家、心理学家杜威（Dewey）

① 陈睿，李秀娟．多元智能理论下高校英语教学应用与改革探讨［J］．佳木斯大学社会科学学报，2020，38（3）：185-188.

的五步模式（失调、诊断、假设、推断、验证），美国著名心理学家、教育家布鲁姆（Bloom）的掌握学习模式等。我国教学模式的研究开始于20世纪80年代中期。教学模式研究主要涉及教学模式本质的界定和教学模式建构理论的研究。因为研究者研究视野的多维性，教学模式概念的界定呈现出多样性。钟启泉认为，教学模式是构成课程和课业、选择教材、提示教师在课堂或其他场合教学的一种计划或范型，它具有简约性、理论性和相对稳定性的特点[①]。而顾明远则认为，教学模式是反映教学理论逻辑轮廓，为实现某种教学任务的相对稳定而具体的教学活动结构[②]。

一、国内高校英语教学模式

中国英语教学理论界对教学模式的理解主要有以下几种。①英语教学模式是对一个系统或理论构成因素的框架式描绘。②英语教学模式是有理论支持的教学活动的操作框架。它可能根据一定的教学理论而建成，也可由概括实践经验而形成。③英语教学模式是对语言教学理论或英语教学过程各主要因素本质及其相互关系等的形象性表述。有学者根据教学模式在实际应用中的表现形式将其分为抽象和具体两种意义。抽象意义是指较为系统的教学理论、方法和观点，或带有规律性的有相对固定的方法、步骤、活动的教学实践；具体意义是指用图形、表格、线条等对教学相关因素及其关系进行的框架式的、概念式的描述。

近几年来，高校英语教学界一直在探索一条适合中国国情的教学模式。例如，有学者提出了一种在中国适用的英语教学交际模式，该模式不仅把整个英语教学过程看作交际过程，而且把每一步都看成交际，整个教学是师生之间的交际的反复循环。该模式的核心原则是交际，交际是教师与学生之间的纽带，语言的输入与输出都通过交际来实现。该模式吸收了西方第二语言（以下简称二语）习得理论成果，在“准备—过程—结果”的基础上发展成“输入—加工—输出”的学生语言输出流程。该模式强调交际的互动性和情境性。在该模式中，英语教学内容是语言信息、语用信息和文化信息，语言形式被看作实现意义转换的工具。在英语教育史上这无疑是一大进步，但是在学生语言输入的正确、得体和流利性方面该模式关注得不够。还有学者在对20世纪下半叶以来中外四种教学模式评述的基础上，构建了一个以中国国情为依据，以亿万中国人学习英语为目的的中国英

① 钟启泉. 着眼于信息处理的教学模式：现代教学模式论研究札记之一[J]. 外国教育资料（全球教育展望，2001），1984（1）：16-24.

② 文秘帮. 教学模式建构与教学个性张扬[EB/OL].（2022-09-21）[2023-06-07]. https://www.wenmi.com/article/py5iem02mv5e.html.

语教学宏观模式（也叫中国流）。该模式由教学环境、教学主体、教学过程、教学结果四个板块组成。它体现出很强的时代性，如教学过程分为实体和虚拟双轨。它吸收了先进的教学理论，把教师和学生都看成教学的主体，并提倡自主学习和任务型教学等新理念。作为一个宏观模式，它必须非常简洁明了，否则无法涵盖亿万中国人的亿万种学习方式。该模式力图做到全面，但太全面了就难以突出其重点或个性，反而易于失去自身存在的价值。

对教学模式本质的界定除了概念界定之外，还包括对教学模式层次的界定。现代英语教学中有三种层次的模式：宏观模式（英语教学过程模式）、中观模式（大纲设计模式）和微观模式（课堂教学模式）。

近十年来，随着课程改革的不断深入，我国学者、专家在英语教学模式方面的研究取得了可喜的成绩。他们对模式的研究涵盖小学、初中、高中和大学等层面，如小学英语自律课堂教学模式、初中英语互动教学模式、高中英语逆向教学模式、高校英语三位一体课堂教学模式；他们还从教学内容视角摸索教学模式，如“四段式”英语写作教学模式、“提纲式”英语教学模式等；教学方法方面主要集中在“互动”“合作”“任务”“创新”等视角，如“互动”英语教学模式、自主－交互式英语教学模式、任务型教学模式、“探究 合作 创新”英语教学模式等。此外，在英语阅读方面也总结了许多教学模式，如问题式英语阅读教学模式、互动式英语阅读教学模式、英语语篇教学模式等。

针对以上我国英语教学模式建构的现状，我们可以发现我国当前英语教学模式的研究基本上是零散式的，但是总体上模式构建的视角有以下四个。

①理论说——教学模式是从教学实践中形成的一种设计和组织教学的理论，并以简约的形式表达出来。

②结构说——教学模式是在一定教学思想或理论指导下建立起来的各种类型教学活动的基本结构或框架。

③程序说——教学模式是在一定教学思想指导下建立起来的完成所提出教学任务的比较稳固的教学程序及其实施方法的策略体系。

④方法说——常规的教学方法俗称小方法，教学模式为大方法。

英语教学模式的发展趋势具有以下三个主要特点。

①由关注“教”的教学模式向关注“学”的教学模式转化。

②在模式构建中越来越体现出多门学科知识的整合性特征。

③模式研究的理论不断深入，实验研究逐步成熟。

在高校英语课堂教学中，我们可以发现五种程序设计常式，它们分别是翻译式、听说式、答疑式、网络式和交际式，这也是五种常见的英语教学模式。在实际的英语教学过程中，没有哪一节课是用了某一种纯粹的教学模式。只有根据教学的实际需要和实际情况，从整体的角度出发来把握英语教学模式，融会贯通地理解和运用多样化的英语教学模式，创造性地组织教学，灵活巧妙地衔接各个教学环节，才能适应教学的动态性与复杂性。

翻译式是传统的教学模式，它通过母语系统来讲解教学内容，让学生熟悉课文、掌握语法规则和一定量的词汇。这种教学方式注重语言的准确性和规范性，强调语言的基础知识和基本技能，但是它可能忽略了英语作为一门语言的应用性和交际性，容易使学生陷入死记硬背的误区。

听说式是一种注重语言交际能力的教学模式。它强调用有限数量的句型来描写无限数量的句子，把英语学习过程看成养成习惯的过程。这种教学方式注重学生的口语表达和听力理解能力，通过大量的模仿和练习来提高学生的语言应用能力，但是它可能忽略了对语言基础知识的深入理解和掌握。

答疑式是一种以学生为中心的教学模式。它要求教师对学生学习中提出的问题进行分类处理，讲课时围绕学生提出的共同性、关键性的问题进行多角度、多层次的讲解或组织学生讨论。这种教学方式注重学生的主动性和参与性，通过问题的解决来提高学生的思维能力和解决问题的能力。

网络式是一种现代化的教学模式。它要求教师和学生共同归纳具有共性且富有意义的知识点，让学生通过联想把新旧信息组织起来，形成合理的知识结构。这种教学方式利用了现代信息技术手段，具有信息量大、交互性强、灵活多样等特点，但是它需要教师具备较高的信息技术素养和操作能力。

交际式是一种注重语言交际功能的教学模式。它要求教师选择一个功能意念项目，并设置一定的信息沟，使学生为获取所需信息而模拟交往过程。这种教学方式注重语言的实际应用和交际功能，通过模拟真实的交际场景来提高学生的语言应用能力，但是它需要教师具备较高的语言交际能力和组织能力。

在实际的英语教学过程中，教师应该根据教学的实际需要和实际情况选择合适的教学模式，或者将多种教学模式融合在一起使用。同时，教师也应该不断提高自己的教学能力和素质，以满足不断变化的教学需求和学生需求。

二、国外高校英语教学模式

（一）克拉申模式

美国语言教育家克拉申（Krashen）的二语习得模式是一种深入探讨二语学

习过程的理论。该模式的基本思想对于二语习得的理解具有重要指导意义。该模式强调二语能力是在较低的情感过滤条件下形成的。这意味着在学习二语的过程中，学生的负面情感因素如焦虑、不自信等可能成为二语知识的“过滤器”，阻碍学生二语水平的提升，从而对学习效果产生负面的影响。理想的学习状态应该是学生在一个相对放松、无压力的环境中，以自然的方式接触并理解二语知识。足量的可理解输入是二语习得的关键。这意味着学生需要接触足够多的适合他们当前水平的二语输入。输入的内容应略高于学生当前的水平，这样他们可以在理解的基础上逐步提高语言能力。二语能力的习得是按照可预测的顺序进行的，这意味着语言知识的学习和掌握是有规律可循的：从简单的语法结构到复杂的语法结构；从基础的词汇到高级的词汇。

（二）贝立斯托模式

英文学习领域的知识学者贝立斯托（Bialystok）创建的外语学习模式主要探讨了外语能力形成过程中的三个层次及其相关因素的作用和组成方式。该模式认为外语能力形成包括三个层次：知识层、技能层和策略层。知识层主要涉及语言知识的掌握，包括词汇、语法、语音等方面的知识；技能层则涉及语言技能的运用，如听、说、读、写等；策略层则涉及学习策略的使用，如记忆、理解、应用等。这一模式强调了形式和功能练习在外语能力形成过程中的重要性，同时也强调了其他学科知识和文化因素对外语知识吸收的促进作用。其他学科知识可以提供新的视角和思维方式，有助于学生更好地理解和运用外语；而文化因素则可以提供丰富的语境和文化背景，帮助学生更好地理解和体验外语。

（三）斯特恩模式

加拿大的语言教学专家斯特恩（Stern）的外语学习模式是一个全面而深入的理论，它详细地描绘了外语学习的五个关键要素（包括社会环境、学生的特点、学习条件、学习过程、学习效果）以及它们之间的相互关系。这一模式不仅强调了元认知策略在外语学习中的重要性，同时也突出了学生自身的心理特质和所处的社会环境等外部因素对学习效果的影响。

社会环境是影响外语学习的关键因素之一。它包括社会语言、社会文化和社会经济等多个方面的因素。社会语言因素是指学生所处的语言环境，包括语言的普及程度、使用频率等；社会文化因素则涉及学生所处的文化环境和所接受的价值观等；社会经济因素反映了学生的经济条件和资源获取能力等。学生的特点也是影响外语学习的重要因素。它包括学生的年龄、认知特点、情感特点和个性特点等多个方面的因素。年龄因素反映了学生的生理发展阶段和大脑发育水平；认知特点则反映了学生的学习方式和思维能力等；情感特点涉及学生的学习动机、态度和自信心等；个性特点则反映了学生的性格特点和行为习惯等。此外，学习条件也是影响外语学习的关键因素之一，包括课堂教学和自然接触两个方面。课堂教学因素是指教师的作用、教材的质量和教学设施的配备等；自然接触因素则指学生在日常生活中自然地接触和使用目的语的机会。

（四）艾伦·豪沃特模式

艾伦·豪沃特（Allen Howard）创建的多中心模式是一个极具影响力的外语教学模式。该模式以交际话题、题目或任务为核心，设计外语教学大纲，并采用FSE三角形学习模式，将功能实践（F）、结构实践（S）和实验练习（E）相结合。这种模式强调功能和结构分析，通过让学生系统地学习语言功能和结构，培养学生运用语言进行实际交际的能力，对我国英语意念功能大纲的制订具有指导意义，为后来任务型教学模式的建立奠定了基础。在多中心模式下，外语教学重点在于培养学生的语言运用能力，而非传统的语法能力。教师根据交际话题或任务的需求设计相应的教学活动，让学生在真实的语境中运用语言。这种教学模式有助于培养学生的语言流利性和准确性，同时提高他们的跨文化意识和交际能力。此外，艾伦·豪沃特首次提出任务型教学的概念。任务型教学强调通过真实的语言任务，让学生在实践中学习和运用语言。这些任务通常基于学生的实际需求和兴趣，让学生在完成任务的过程中培养解决问题的能力、合作精神和自主学习能力。

（五）坎德林模式

英国应用语言学家坎德林（Candlin）创建的外语教学模式将学习外语看作语言形式、概念意义和人际关系三个知识体系的结合。这种模式强调外语学习的实质是在人际交往过程中，语言概念的形成和正确语言形式的固化。在这种模式下，语言形式是学习的核心。学生需要掌握正确的语音、词汇和语法结构，以便能够准确地表达自己的意思。同时，概念意义也是学习的重要方面。学生需要理解语言传达的概念和信息，以便能够有效地进行交流。此外，人际关系也是外语学习的重要因素。学生需要学会在人际交往中运用语言，包括倾听和理解他人的观点和需求。这种人际关系不仅是与母语者之间的交流，也包括与同为非母语者之间的互动。这种模式十分强调语言使用的正确性。学生需要不断地纠正自己的语言错误，以确保在使用语言时能够准确地传达自己的意思。同时，教师也需要提供正确的指导和反馈，帮助学生掌握正确的语言形式。

（六）哈伯德模式

美国作家兼教育家哈伯德（Hubbard）创建的交际模式是一种学习外语的有效方法，它强调在真实的环境中进行愉快的交往。这一模式强调语言学习中的交际性，即信息差，认为没有信息差就不可能有语言交际，没有实际的语言交际，也就谈不上真正意义上的外语学习。在哈伯德的交际模式中，ARC 三角形模式是核心，其中 A（affinity）表示亲近力，R（reality）表示现实意义，C（communication）表示交际意义。亲近力是哈伯德交际模式的基础。在学习过程中，学生需要建立与目的语的亲近感，通过与目的语的互动和交流，逐渐熟悉和掌握语言知识。这种亲近力可以激发学生的学习热情和兴趣，使他们更加积极地参与学习过程。现实意义是哈伯德交际模式的核心。在学习过程中，学生需要将所学知识应用到实际生活中，通过实际运用来加深对语言的理解和掌握。这种现实意义可以帮助学生更好地理解和运用语言知识，提高他们的语言交际能力。交际意义是哈伯德交际模式的最终目标。在学习过程中，学生需要通过与他人进行语言交际来提高自己的语言能力。这种交际意义可以帮助学生更好地掌握语言知识，同时提高他们的跨文化意识和交流能力。

（七）蒂东尼模式

美国应用心理语言学家蒂东尼（Titone）的综合模式是一种全面而深入的外语学习理论，它吸收了其他模式的优点，形成了一种综合性的学习模式。该模式借鉴了克拉申模式的情感策略，认为学习者的情感因素对学习效果有着重要影响。因此，它强调在学习过程中要关注学生的情感需求，创造一个积极、轻松的学习环境，激发学生的学习兴趣和动力。同时，该模式也借用了斯特恩模式中的社会环境因素，认为社会环境因素对外语学习有着重要影响。因此，它强调在学习过程中要关注社会语言、社会文化和社会经济等因素，帮助学生更好地理解和适应目的语国家的社会环境。该模式更贯彻了哈伯德模式的交际性原则，认为语言学习的最终目的是交际。因此，它强调在学习过程中要进行实际的交流和互动，通过语言交际来提高学生的语言运用能力和跨文化意识。

第四节　高校英语教学思维

思维是课堂教学的灵魂，无论是教师设问，还是学生自问、合作讨论、质疑等，都必须围绕这个中心来开展，而评价这些活动的标准就是学生思维的质量。

体验是学生领悟知识、实践知识的桥梁，每个学生都可以根据自己的体验，用自己的思维方式自由开放地去探索、发现和创新。教师要想方设法使学生真正参与到课堂活动中来，从而提高他们思维的质量，让学生在体验中掌握知识，培养学习能力。

一、善于等待，学会留白

在英语教学中，很多教师为了保持课堂活跃的气氛，常常会选择消除教学过程中的留白，通过“无缝对接”式的问答来维持课堂活跃度。然而，这种做法实际上并没有起到积极的作用。相反，课堂上的留白和等待反而能够促进学生的思考和自主学习。

课堂上的留白和等待可以让学生有更多的思考时间。在教师提出问题后，学生需要一定的时间来思考和组织语言。如果教师立即给出答案或者继续讲解下一个知识点，学生就会失去思考的机会，也无法真正理解和掌握知识。相反，如果教师有意识地留白和等待，学生就会被迫思考并尝试自己寻找答案，从而加深对知识点的理解和记忆。课堂上的留白和等待可以培养学生的自主学习能力。在留白和等待的过程中，学生会意识到学习需要依靠自己的努力和思考，而不是被动地接受教师的讲解。这样，学生就会逐渐养成自主学习的习惯，并在未来的学习和生活中更加自信和独立。此外，课堂上的留白和等待还可以促进学生创新思维的发展。当学生有足够的时间思考时，他们就会尝试从不同的角度来思考问题，并寻找新的解决方案。这样，学生就会逐渐培养出创新思维和解决问题的能力，为未来的学习和工作打下坚实的基础。在英语教学中，语法知识和语言结构的运用是非常重要的，然而，仅仅依靠教师的讲解和学生的被动接受是很难取得成效的。因此，教师需要鼓励学生主动地参与思考并提高思维的质量。在留白和等待的过程中，教师可以引导学生进行深入的思考和分析，从而帮助他们更好地理解和掌握语法知识与语言结构。

二、精心设计英语实践活动

语言是一种交际工具，英语课堂教学应该遵循语言学习规律，以学生为中心，以学生自主体验为基础。在实际操作中，教师应该精心设计开放性活动，为学生搭建语言运用的舞台，将新、旧知识运用到不同的语言场景中，使学生亲身体验、自主探究，并不断扩充自己的语言信息量。

英语课堂教学应该遵循语言学习规律。语言学习是一个长期的过程，需要不断地练习和运用。因此，教师应该根据学生的实际情况和语言水平，制订科学合理的教学计划，采用多种教学方法和手段，引导学生积极参与课堂活动，提高他们的语言运用能力。英语课堂教学应该以学生为中心。学生是学习的主体，教师应该尊重学生的个性差异和需求，关注学生的情感体验和学习过程，引导他们积极参与课堂活动，提高他们的学习兴趣和自信心。英语课堂教学应该以学生的自主体验为基础。语言学习需要实践和体验，教师应该设计开放性的活动，让学生在不同的语言场景中运用新、旧知识，亲身体验语言的运用和交流。同时，教师还应该鼓励学生自主探究和实践，不断扩充自己的语言信息量，提高自己的语言运用能力。

三、根据实际情况，创造良好的语言环境

（一）课堂导入营造情境

课堂导入是教授新课的序曲，是营造课堂气氛、引起学生兴致的关键，也是学生练习听说的一次机会。因此，可以以“Free talk”（自由谈论）、“值日报告”、“讲故事”、“Talk about a topic”（讲述一个话题）等来开始新课；可以让学生朗读一篇短文，并向其他学生提问，检测听的效果，最后根据朗读标准进行打分，并提出改进措施。这样既锻炼了学生的听说能力，又为下一步语言学习奠定了基础。①

（二）实物演示情境

利用实物教学，既可节约课堂教学时间，又可让学生运用多种感官接收语言信息。以教授《牛津英语》8B Unit 4 “Grammar” 为例。这一单元的语法主要是被动语态，教师可以收集大量的实物进行演示，列举大量的例子，选一些写在黑板上。先从学生学过的 “be made of”（由……制作而成）开始，最后拿出一把小刀：“A knife is used to cut things.”（刀子是用来切东西的。）接着拿出一根线，叫一

① 方燕芳. 英语思维与英语教学［M］. 成都：电子科技大学出版社，2017.

个学生用小刀把线割成两段，然后对学生说："The line was cut into two by Zhang Bing."（这条线被张兵切成了两段。）这样学生通过观看实物演示、倾听教师的语言表述、看黑板上的例句进行归纳思维，可以很容易地掌握被动语态的语法结构。

（三）语言描述情境

对于某些难以用实物演示的情境，可利用简洁易懂的语言进行描述，并配上表情、手势，做到绘声绘色，使学生进入情境。如在教"have to do"（不得不做）句型时可以提供这样的语言情境："Today is Sunday. I want to see an interesting film. But my mother is ill, so I have to look after her at home."（今天是星期天，我想看一部有趣的电影。但是我妈妈病了，所以我必须在家照顾她。）在这样的语境中，学生很容易理解"have to"的确切含义，再通过一些情境的练习，学生会很自然地学会它的用法。

（四）善于捕捉机会，利用当时的语言情境

在教学中，我们常常会遇到一些预料之外的突发事件，这些事件可能会打乱我们的教学计划，但同时，它们也为教学提供了生动的、现成的语言情境。如当教师正在上课时，一个迟到的学生走了进来，这时，教师可以灵活应对，抓住这个时机，创造一次让该学生体验语言在具体语境中的运用的机会。

教师可以请这个学生用英语解释迟到的原因。这样做的目的是让学生在真实的语境中学习和运用语言。通过这样的体验，学生可以更深入地理解语言的实际运用，提高语言运用能力和交际能力。教师可以借此机会教授相关的语言表达方式，如常用的道歉和解释的表达方式等。这样可以在实际语境中教授语言知识，使学生更容易理解和记忆。教师还可以借此机会教授学生在遇到类似情况时的正确态度和行为方式。通过这样的教学，可以培养学生的跨文化意识和社交能力，使他们更好地适应不同的社交环境和文化背景。

（五）充分发挥多媒体的辅助教学功能

随着科技的发展，现代教育手段已经成为课堂教学的重要组成部分。现代化的教学手段，如多媒体、网络等，可以使课堂教学更加生动、形象、富有感染力，从而有效地激发学生的学习兴趣、提高学生的学习参与度。

现代化的教学手段可以为学生提供更加丰富的学习资源，使学习内容更加生动有趣，如通过多媒体技术，教师可以将文字、图片、音频、视频等多种形式的

教学资源融合在一起，使学习资源更加丰富、课堂教学更加有趣。现代化的教学手段可以为学生提供更加多样化的学习方式，使学习更加个性化，如通过网络技术，学生可以在任何时间、任何地点进行学习，可以根据自己的兴趣和需求选择适合自己的学习内容和学习方式。现代化的教学手段可以提高学生的参与度，使课堂教学更加有效。教师通过互动式的教学方式，可以激发学生的学习兴趣和内部参与动机，使不同水平、不同层次的学生都参与到课堂教学中，从而提高教学效果。

四、发挥评价的激励机制，让学生体验成功

当学生取得进步或者表现出色时，教师应该及时给予肯定和赞扬，让学生感受到自己的努力得到了认可。同时，教师的表扬语言应该具有艺术性，避免过于夸张或者虚假，让学生感受到教师的真诚和信任。教师还可以利用面部表情去激励学生。对于没有信心、不敢发言的学生，教师可以给予期盼和鼓励的眼神，让学生感受到教师的支持和信任，从而增强自信心。对于回答问题过程中卡壳的学生，教师可以给予信任和鼓励的眼神，让学生感受到教师的支持，从而更加顺利地完成任务。此外，教师的一个微笑也可以给学生带来成就感。微笑是一种无声的语言，它可以传递出教师的温暖和善意，让学生感受到教师的关心和支持。在英语教学过程中，教师需要时时反思自己，是否能让学生真正地参与到课堂活动中来，是否能让学生真正地参与到思维训练中来，是否能让学生在体验中掌握知识、提高学习能力。只有这样，教师才能让学生的思维与体验同行，取得理想的教学效果。

第二章　高校英语内容教学

本章介绍高校英语内容教学，主要从五个方面进行了阐述，分别是高校英语阅读教学、高校英语语法教学、高校英语听力教学、高校英语口语教学、高校英语写作教学。

第一节　高校英语阅读教学

一、高校英语阅读教学概述

阅读作为语言学习的基本技能之一，不仅能使学生获得信息和乐趣，更是学生巩固和扩大目的语知识的重要途径。随着经济全球化的发展，英语作为国际通用语言的地位越来越高，因而阅读技能的研究和教学，也就成了人们关注的焦点。对于阅读过程及阅读教学策略的研究，在此背景下也就越发显得重要。

（一）高校英语阅读教学的目标和内容

1. 高校英语阅读教学的目标

教育部制定的《大学英语课程教学要求》（以下简称“课程教学要求”）对阅读的教学目标确定了相应的标准，具体内容如下。

大学英语一般要求：能基本读懂一般性题材的英文文章，阅读速度达到每分钟 70 词；在快速阅读篇幅较长、难度略低的材料时，阅读速度达到每分钟 100 词；能就阅读材料进行略读和寻读；能借助词典阅读本专业的英语教材和题材熟悉的英文报刊文章，掌握中心大意，理解主要事实和有关细节；能读懂工作、生活中常见的应用文体的材料；能在阅读中使用有效的阅读方法。

大学英语较高要求：能基本读懂英语国家大众性报刊上一般性题材的文章，阅读速度为每分钟 70～90 词；在快速阅读篇幅较长、难度适中的材料时，阅读速度达到每分钟 120 词；能阅读所学专业的综述性文献，并能正确理解中心大意，抓住主要事实和有关细节。

大学英语更高要求：能读懂有一定难度的文章，理解其主旨大意及细节；能阅读国外英语报刊上的文章；能比较顺利地阅读所学专业的英语文献和资料。

教师应参照相应的教学目标，在具体的教学过程中把握教学宗旨、调整教学内容，并在此基础上进行一定的拓展和延伸。

2. 高校英语阅读教学的内容

阅读教学的内容包括培养学生的各种阅读技能，大致包括以下这些方面：①辨认单词；②猜测陌生词语；③理解句子之间的关系；④理解句子言语的交际意义；⑤辨认指示词语；⑥通过衔接词理解文章各部分之间的意义关系；⑦从关键语句中理解文章主题；⑧将信息图表化；⑨确定文章的主要观点或主要信息；⑩总结文章的主要信息；⑪培养基本的推理技巧；⑫培养阅读技巧。

（二）影响学生英语阅读能力提高的因素

1. 背景知识

背景知识在阅读理解中扮演着至关重要的角色。它不仅包括文化背景，还涵盖了人们掌握的各种知识，包括语言知识本身以及已有的各种生活经验、经历。缺乏必要的背景知识是造成阅读困难的主要原因之一。

丰富的英语国家社会文化知识对提升英语阅读能力有很大的促进作用。这是因为语言是文化的载体，语言中蕴含着丰富的文化内涵。对于英语学习者来说，了解英语国家的文化背景、社会习俗、价值观念等，能够帮助他们更好地理解英语语言，从而提高阅读理解能力。背景知识的缺乏会使学生在阅读时产生困难或误解。在阅读过程中，学生可能会遇到一些陌生的单词、短语或句子，如果缺乏相关的背景知识，他们可能无法正确理解这些单词、短语或句子的含义。此外，文章中的一些细节和隐含意义也需要借助背景知识来理解。因此，教师应该鼓励学生进行广泛阅读，并提供多种符合学生阅读水平和兴趣的英语阅读材料。这样可以增加学生的阅读量，让他们多了解英语国家的背景知识。同时，教师还可以组织一些课堂活动，如小组讨论、角色扮演等，让学生更加深入地了解英语国家的社会文化知识。

2. 词汇掌握

词汇量的大小是阅读能力高低的一个重要标志。缺乏足够的词汇量，学生在阅读过程中可能会频繁遇到生词，这不仅会影响他们的阅读流畅性，还可能影响他们对文章整体意义的理解。因此，词汇量的不足是构成阅读困难的首要原因。为了提高阅读能力，扩充词汇量就显得尤为重要。学生需要通过持续的词汇学习、广泛的阅读和积极的实践来不断增加自己的词汇量，从而更好地理解和分析文本，提升阅读水平。

3. 语法知识

学生语法基础知识不扎实，也是造成阅读困难的原因之一，特别是当遇到长句、难句时。例如，“Behaviorists suggest that the child who is raised in an environment where there are many stimuli which develop his or her capacity for appropriate responses will experience greater intellectual development.”（行为学家认为，孩子在一个有许多刺激因素的环境中长大，这些刺激因素有利于他或她的恰当反应能力的发展，那么这个孩子的智力水平会有更大的提高。）当学生看到这句话时，通常会感到很棘手，不知该如何应对，可是如果对该句进行分析就会发现，虽然这个句子很长，但事实上整个句子是“Behaviorists suggest that+ 宾语从句”的结构，而在这个宾语从句中又包含了三个定语从句，这样层层分析，结构就清晰可见。事实上，这些分析都是建立在一定的语法基础上的，如果语法不过关，想提高阅读能力也会很难。

4. 阅读策略

阅读策略是有效阅读的关键。如果不能正确运用阅读策略，学生就难以在规定时间内完成阅读任务，进而影响阅读的质量和数量。因此，掌握有效的阅读策略对于提高学生的阅读能力和阅读效率至关重要。教师应该注重培养学生的阅读策略意识，教授他们如何运用略读、扫读、预测、推断等策略，提高阅读速度和理解能力。同时，学生也应该通过大量的阅读实践，不断总结和运用阅读策略，提高自己的阅读水平。

5. 学生兴趣

兴趣可以激发学生阅读的欲望，可以加深学生对材料的理解。因而教师在阅读材料的选择、过程的监督以及阅读的评估上都要考虑到学生的兴趣，保证阅读教学的有效开展。

6. 阅读心理

阅读心理障碍是影响阅读教学的重要因素之一。由于学习的是第二语言，学生在阅读过程中往往过分注重词汇、语法等知识的学习，并习惯于词语、句子有对应的翻译，否则就会缺乏安全感。这种阅读心理导致学生进入一个误区，即阅读教学的目标不是获取信息，而是对词汇、语法的研究。

这种阅读心理阻碍了学生阅读能力的发展，导致学生不仅阅读速度慢，而且不能把握文章的命脉，容易忽略对文章整体的理解，缺乏宏观的阅读思维能力。为了克服这种阅读心理障碍，教师在阅读过程中需要注重培养学生的整体篇章概念和速度效率概念。第一，教师应该引导学生树立整体篇章概念。在阅读过程中，学生应该注重把握文章的整体结构和主题思想，而不是过分关注单个词汇或语法点的解释。通过整体篇章概念的培养，学生能够更好地理解文章的主旨和意图，提高阅读理解能力。第二，教师应该注重培养学生的速度效率概念。在阅读过程中，学生应该注重提高阅读速度和效率，避免在词汇和语法上花费过多时间。通过大量的阅读实践和练习，学生可以逐渐提高阅读速度和理解能力，从而更好地完成阅读任务。

7. 阅读习惯

学生不良的阅读习惯对阅读教学产生了一定的负面影响。这些习惯包括用笔或手指着阅读、在心里默读或唇读，以及不断回头重复看阅读过的内容等。这些做法不仅降低了阅读速度，使阅读过程变得费时费力，而且还会阻碍思维的连贯性，影响对文章的理解。为了帮助学生改正这些不良的阅读习惯，教师需要采取一些措施。首先，教师可以经常对学生进行限时阅读训练，以提高学生的阅读速度。这样可以让学生意识到阅读是需要加快速度的，从而促使他们改掉不良习惯、提高阅读效率。其次，教师可以在课堂上进行示范和引导，让学生了解正确的阅读方式和方法，如教师可以演示如何利用扫读、略读等策略快速获取文章的主旨和重要信息，而不是逐字逐句地阅读。通过教师的示范和引导，学生可以逐渐养成正确的阅读习惯。最后，教师还可以组织阅读小组或讨论会等活动，让学生有机会互相交流和学习。在这些活动中，学生可以分享自己的阅读经验和技巧，相互学习和帮助，从而进一步养成良好的阅读习惯。

8. 思维习惯

人们在学习第二语言时，常常会受到母语思维习惯的影响。这种影响在英语阅读过程中表现得尤为明显，很多学生或多或少地运用着母语的思维习惯来理解和分析英语文本。事实上，中英文在文化方面的巨大差异导致了两种语言在遣词造句上的不同。中文句式的表达特点是重要信息在后，次要的描述性信息在前；

而英文句式的表达特点正好相反，重要信息在前，次要在后。这种差异可能会使学生在阅读过程中感到困惑。为了帮助学生克服这种困难，教师的教不应仅仅局限于语言知识的讲解，还应注重跨语言文化的思维训练。通过教授学生中英文句式表达的不同特点，教师可以帮助学生更好地理解英语文本的结构和组织方式，提高阅读效率。此外，教师还可以通过阅读实践来帮助学生培养跨语言文化的思维习惯。通过大量的阅读实践，学生可以逐渐熟悉和掌握英语文本的特点和表达方式，从而更好地分析和理解英语文本。

二、高校英语阅读教学的基本原则

不同的教师、不同的教学条件和环境、不同的学生、不同的教学目的以及其他与英语教学相关的方方面面的不同，反映在阅读教学上，就必然会使高校英语技能训练研究演变出各种各样的阅读教学活动，这就是高校英语阅读教学实践的多样性。但是从理论上讲，在这些各不相同的英语阅读教学活动与任务的背后，有些共同的原则是必须遵循的。

高校英语阅读教学应该遵循六项原则：教材及其相关任务应该与学生的语言水平相一致；任务应该在阅读前布置；阅读任务设计应该着眼于提高学生智力型的、全局性的阅读理解能力，而不是意在测试学生对细节的理解；阅读任务不仅应该考查学生的阅读理解能力，还应该有利于培养他们的阅读技巧；教师不仅应该帮助学生处理眼前具体的阅读材料，还应该帮助他们掌握更多的阅读策略；教师应该帮助学生学会自主阅读。

（一）选择适当的教学模式

高校英语阅读教学模式有三种：自下而上、自上而下和交互补偿。自下而上的模式认为阅读首先是对文章的识别，是解码的过程，应逐步弄懂单词、短语、句子直至段落篇章的意义。自上而下的模式是对阅读进行整体理解，用语境来猜测生疏项目的意义，然后再研究意义是如何表达的。交互补偿模式认为阅读不只是猜测的过程，也不只是解码的过程，而是语言和图式交互作用的过程。因第一种和第二种都有局限性，所以一般以采用交互补偿模式为佳。尽管很多研究都好像在说自下而上的模式应该受到重视（构成阅读困难的主要是词汇问题），但如果阅读教学太注重词汇的训练则会削减学生对阅读的兴趣，因为在阅读中令学生感兴趣的不是故事中的词语，而是故事本身（包括其中的人物、事件，蕴含的哲理、观点和思想等）。所以，阅读教学所采取的模式应以自上而下的模式为主，以自下而上的模式为辅。

（二）采用三段教学步骤

阅读教学的开展应包括“读前活动”“阅读活动”和“读后活动”三个阶段。这种方法被称作整体阅读，它的目的是把精读与泛读融合在一起，并且在一篇教学材料中进行语言技巧与阅读技巧的训练。

“读前活动”为阅读的导入阶段。此阶段的主要任务有两个：一是背景知识的激活；二是提前学习新词。教师应根据学生和阅读材料的具体情况选择适当的操作方式。开展“读前活动”的主要目的：激发学生阅读的兴趣；激活和提供必要的背景知识；引出话题；为进一步阅读清除理解上的语言障碍。

“阅读活动”阶段以学生阅读为主。为保证阅读的有效性，教师必须交代清楚阅读的任务。该阶段所设计的活动以训练学生的阅读技能为目标，具体可采用如下活动：了解文章的大意；捕捉具体信息；将信息图表化；记录文章的要点或具体信息；分析文章的结构；回答事实性问题；回答推理性问题；将事件排序；根据上下文推测词义；理解文中的复指现象。

“读后活动”阶段的目的有两个：一是根据阅读内容进行各种思维活动；二是鼓励学生将阅读的内容与自己的经历、知识、兴趣和观点相联系。该阶段的活动具体包括：对阅读质量的检查评估（可通过提问、书面检查等形式进行评估）；对学生阅读过程表现的评估（可通过学生自我汇报的方式进行评估）；对策略使用的评估（可通过问卷或写读书笔记的方式进行评估）；依据所阅读的材料进行口头或笔头的练习（如角色扮演、大意复述、采访活动等）；将阅读材料与生活中的信息相联系（如介绍自己类似的经历、模仿写作等）。

（三）培养流畅的阅读者

流畅阅读指快速、有目的、交互、理解性、灵活的阅读。它是通过学生的长期努力不断发展的结果。从某种意义上讲，阅读教学的目的就是培养流畅的阅读者。

在流畅阅读训练中，教师应注意：鼓励学生每天阅读新故事并且回读读过的故事；逐步增加阅读材料的难度；将阅读信息与学生感兴趣的其他事件相结合，组织学生进行讨论；不论是阅读故事性材料还是阅读知识性材料，都要鼓励学生反思阅读策略，教师要提供指导性的帮助；训练跳读和略读的阅读技能；训练学生根据上下文猜测词义的能力；帮助学生确定阅读目标，选择适当的阅读策略；训练学生处理各种疑难句法、词语和组织结构的策略；大量、反复地训练学生单词解码的自主性。

第二节　高校英语语法教学

一、高校英语语法教学的目标

在语法教学中，有些学生语法规则记得很牢固，但在实际运用时往往会下笔有错句、开口说错话。原因在于这些学生不懂在不同的情境下用恰当的语句来表达。例如，标准的祈使句没有一点语法毛病，但如果要请不太熟悉的客人把门关上，用祈使句就大错特错了。现在许多国家盛行情境教学法，同时语法流派又出现了交际语法。我们可以把情境教学法和交际语法的某些方法和内容引进我们的语法教学。

语法教学中比较方法的运用可以起到承上启下、融会贯通的作用，能提高学生的语言识别和运用能力。下面我们可以分两个不同的层次进行比较。

一是语法体系内部有关联内容的比较，如一般现在时与现在进行时、一般过去时与现在完成时、几个将来时态的表达方法、几个非谓语动词、一系列情态动词等，它们之间有联系又有区别，一般语法书中虽有比较，但都较概括。我们在教学中，就要抓住这些容易混淆的内容，从基本意义、引申意义、用词限制、句式搭配、使用场合乃至修辞色彩和语体区别这些方面做既详尽又突出重点的比较。

二是形似句的比较。如果我们能够结合教学内容，抓住有利时机，经常引导学生做形似句的比较，势必会提高他们的学习警觉性，培养他们钻研的兴趣和能力，其作用可能超出语法教学本身的范围。

此外，因我们的教学对象有些是将来的英语教师，所以我们除了向他们传授语法知识，培养他们的语言表达运用能力外，对他们教学能力的培养，也是责无旁贷的。

对学生语言表达、运用能力的培养，还体现在语法课的考查方面。过去的考查多偏重知识性，如重视术语、句法的分析等，而忽略了对学生能力的考查。这方面应有所改进，具体来说，在考查内容上，在考虑相当覆盖面的前提下，要做到突出重点内容；在考查形式上，要着重考查学生的运用能力，如可多出些改错题、句型转换题、自由填充题以及英汉、汉英翻译题等。

二、高校英语语法教学的内容

高校语法教学的目的是提高学生理解和运用语言文字的能力，可是现在高校语法课的实际目的却是传授语法的理论知识。高校语法教学的目的要求高校的语法课是一门实践课，可是现在的高校语法课却是一门知识课。高校英语语法教学要转型恐怕就要在这些根本性问题上进行转型。理论知识和实际能力之间当然不是没有任何联系的，但是理论知识并不等于实际能力。掌握了一种语言的实际运用能力，并不等于同时掌握了这种语言的语法理论知识。反之，掌握了一种语言的语法理论知识也不等于同时掌握了这种语言的实际运用能力。

大学生在入学以前实际上已经较为熟练地掌握了英语的基本语法和各种常规用法，但是他们还没有掌握全部英语语法，特别是他们还没有完全掌握书面语语法和各种非常规语法，因此还需要提高。不过他们需要提高的仍然是实际运用书面语语法和非常规语法的能力，而不是相关的理论知识。现在有些教师把语法课教成了知识课，教成了语法理论课，这样就出现了学生死记硬背概念术语和单纯贴标签的现象，这就背离了高校语法教学的目的，无助于提高学生运用语言文字的实际能力。

因此，高校语法教学首先要弄清这门课的性质，要把知识课改为实践课，把传授理论知识改为提高学生运用语言文字的实际能力。因此，高校英语语法教学要大胆删掉与提高实际运用能力没有直接联系的内容，还必须跟作文和口语训练熔于一炉，从而提高正确运用语言文字的实际能力。

第三节　高校英语听力教学

一、高校英语听力教学现状

（一）课程设置不合理和班级规模大

高校英语听力课平均每周一个课时很难满足大学生提升英语听力能力的需要。同时，学生口语能力的训练被忽视。英语口语与听力的关系十分密切，人对自己能够表达的话语内容更为敏感，也更易理解。在传统的高校英语课堂上，教师忙于完成教学任务，注重对语法、单词的传授，从而忽略了对学生进行口语能力的训练。在视听说课上，学生真正能够获得口语锻炼的机会也相当少。班级规模较大也是造成学生听说能力薄弱的原因之一，平均每班近 50 名学生，教师无法对每个学生的听说训练进行指导和点评，很多学生心不在焉，导致自己的英语听说能力不容乐观。

（二）学生缺乏英语学习的积极性

虽然大学生已经接受过多年英语教育，但是许多学生仍然面临着英语听力成绩不理想的问题，这可能是多种原因导致的。缺乏有效的学习方法可能是学生听力成绩提升缓慢的原因之一。学生可能没有掌握正确的听力技巧和方法，无法有效地捕捉和理解听力材料中的关键信息。因此，教师应该注重教授学生正确的听力技巧和方法，帮助学生提高听力水平。缺乏足够的练习机会也可能导致学生听力成绩提升缓慢。学生可能没有足够的机会进行听力练习，无法熟悉和掌握英语听力的语言特征和表达方式。因此，教师应该提供更多的听力练习机会，帮助学生提高听力水平。缺乏英语听力的实践经验也可能导致学生听力成绩提升缓慢。学生可能因为没有足够的实践经验，所以在应对各种英语听力的场景和问题时，无法灵活运用所学的知识和技巧。因此，教师应该注重提供英语听力的实践机会，帮助学生提高听力水平。

（三）传统听力课堂教学模式陈旧

在听力课堂教学中，许多教师仍然遵循传统的教学方式，这种方式的弊端在于它过于偏重对单词和语法的讲解以及应试技巧的讲授。这些元素在语言学习中固然重要，但过分强调它们而忽视了学生的主观能动性和主体地位，会导致学生处于被动、消极地接受知识的状态。

在这种教学模式下，学生可能会觉得听力课堂枯燥乏味、缺乏互动和参与，从而逐渐失去对听力学习的兴趣和动力。此外，由于学生没有积极参与到学习过程中，他们可能无法真正理解和掌握听力技巧，所以在听力考试中表现不佳。因此，为了提高学生的英语听力水平，教师需要转变传统的教学方式，关注学生的主观能动性和主体地位，激发学生的学习兴趣和动力，引导他们积极参与到听力学习过程中。

二、高校英语听力教学策略

在听、说、读、写四项语言技能中，“听”是十分重要的一种技能。根据二语习得理论，语言的输入是语言习得最基本的条件，没有语言输入就不会有语言习得。听力作为一种输入型的技能在学生的语言习得中占有十分重要的地位。因此，在外语教学中，若要提高学生的语言能力，从而使其达到流利地用英语与英语母语者进行交际的目的，听力起着极其重要的作用。然而，我国的英语教学在语言输入方面往往单纯强调视觉输入（阅读），忽略听觉输入（听力），导致大多数学生的听力理解能力很差，严重影响语言的吸收和交际能力的培养。即使那些通过英语四、六级考试的学生，其实际听力理解能力也很弱。究其原因，一方面是听力的教学时间远少于阅读时间，另一方面是外语界学生的听力策略训练指导尚未引起人们足够的重视，也落后于阅读技巧的指导。因此，高校英语教师要想提高学生的听力理解能力，从而提高其全面的语言能力，首先需要了解学习策略在英语听力教学中的具体体现，并在此基础上对学生实施有针对性的策略指导。

学习策略分为三大类：元认知策略，认知策略，社会、情感策略。外语听力策略是以学习策略为理论框架的，属于学习策略中的一种，因此听力策略亦可分为三大类。

（一）元认知策略

元认知策略主要涉及语言学习者为促进某一学习活动的顺利完成而采取的计划、监控与评估等行动。元认知策略主要包括计划、集中注意力、监控、评估等多种策略。

1. 计划策略

课程教学要求对听力有明确的要求：一般要求是能听懂语速为每分钟 130～150 词的英语广播或电视节目；较高要求是能听懂英语授课、英语谈话和讲座，能基本听懂题材熟悉、篇幅较长的英语广播和电视节目，语速为每分钟 150～180 词，能掌握其中心大意，抓住要点，能基本听懂用英语讲授的专业课程。课程教学要求可作为学生中期和长期的目标。每个学生应根据自身的情况确定短期目标，如语音差的学生可以先从听音、辨音、弄懂单词发音开始，每周听辨几个容易混淆的音素、单词，逐渐掌握连读、失去爆破、弱读等语音技巧。听力好的学生可以每周听写 2～3 条慢速新闻。一旦计划确定，每个学生必须按计划实施，每两周交一次新闻听写作业，教师进行批改。

2. 集中注意力策略

集中注意力是听力理解中至关重要的策略，它涉及两个方面：一是集中全部注意力去听；二是有选择地注意某些信息。集中全部注意力去听是听力理解的基础。在听的过程中，学生需要全神贯注地倾听说话者的语音、语调、语速等细节，尽可能多地获取信息。如果学生无法集中注意力，就可能错过重要的细节和信息，导致理解不准确或不完整。在听的过程中，学生一旦发现自己注意力不集中，停下来思考或纠缠于某个单词时，一定要及时调整注意力，跟上说话者的思路。这需要学生具备自我监控和调整的能力，及时纠正自己的注意力偏差。除了集中注意力外，教师还应培养学生选择主要信息、分清主次的能力。在听力过程中，学生需要学会筛选出与主题或关键信息相关的信息，忽略其他不重要的细节。这样学生可以更快速地抓住重点，提高听力理解的效率。在听长篇文章时，教师应指导学生把注意力集中在说话者的思路上，从整体上把握大意，而不是将注意力放在所有的单词上。这样学生可以更好地理解文章的整体结构和主旨，提高听力理解的准确性。

3. 监控策略与评估策略

监控策略是学习过程中非常重要的一种策略，它能够帮助学生对自己的学习进程进行有意识的监控和调整。在学习过程中，学生需要时刻关注自己的学习进程、学习方法、效果和计划执行情况等，以确保自己的学习目标得以实现。具体而言，监控策略可以帮助学生评估自己的学习进度和理解程度，如学生可以通过回顾自己是否领会了学习内容，检查自己采用的学习策略是否适当，以及自己的注意力是否集中等，来评估自己的学习效果。评估策略也是学生需要掌握的一种重要策略。通过回顾自己的学习过程，学生可以对自己的学习成果进行评估，检查自己在完成某项语言任务时做得如何。这种自我评估可以帮助学生了解自己的优点和不足，以便及时调整自己的学习策略和计划。在听力学习中，评估策略和监控策略同样重要。学生需要时刻关注自己的听力水平和进步情况，及时调整自己的学习方法和策略。同时，通过自我评估，学生可以了解自己在听力方面的优势和不足，从而有针对性地进行训练和提高。

（二）认知策略

1. 预测

学生在听力训练或测试中善于运用已知信息材料的题材、语言及内容进行预测，有助于他们更好地理解和把握听力材料，从而大大提高听的效率。因为学生听听力材料并非像听录音机那样被动地接受有声材料，而是需要积极地运用一系列的心理加工，包括预测、筛选、释义和总结等。

例如，如果学生已经知道听力材料是关于旅游的，那么他们可以预测听力材料中可能会涉及旅游景点、旅游方式、旅游文化等方面的内容。这样，学生在听的过程中就可以更加有针对性地关注这些方面的信息，从而提高听的效率。此外，这种预测技巧在听力材料只放一遍的考试中更显得十分重要。由于时间有限，学生需要在短时间内尽可能多地获取信息。通过运用预测技巧，学生可以更加快速地把握听力材料的重点和关键信息，从而在考试中取得更好的成绩。

2. 联想发挥

在听力理解过程中，联系已有的先验知识是一种非常重要的策略。先验知识指的是学生在听力之前已经掌握的知识，包括文化背景、生活常识、语言知识等。这些知识可以帮助学生更好地理解听力材料，提高听力理解的准确性。在听力过程中，学生应该积极联系已有的先验知识，将听力材料与自己的背景知识和生活经验结合起来。这样可以使学生更好地理解听力材料的主题、内容和意义。例如，如果听力材料是关于电影的，学生可以联系自己已有的电影知识，包括电影的类型、电影的语言等，从而更好地理解听力材料。

3. 关键词句

关键词是指在对话或文章中能够反映场所、环境以及特征方面的词汇或短语。这些关键词通常能够提供关于场所、人物、事件、时间等方面的信息，帮助我们更好地理解文本内容。在听力理解中，关键词的作用尤为重要。当我们听一段对话或录音时，我们需要注意其中的关键词，因为它们通常能够揭示对话的主题或主要内容。例如，如果关键词是“餐厅”“点餐”“账单”，那么这段对话很可能是关于在餐厅用餐的内容。除了词汇之外，关键词还可以是一些带有否定意义的副词、形容词、代词、转折词、连词及某些词组等。这些词汇或短语通常能够表达相反的意思或者强调某些信息，帮助我们更好地理解文本的含义。除了关键词之外，关键句也是听力理解中需要注意的方面。关键句通常指主题句或能体现重点信息的句子。这些句子通常能够概括文本的主要内容或者表达作者的观点和态度。在听力理解中，我们需要识别关键句并理解其中的关键信息，这样才能更好地把握听力材料的主要内容。

4. 语法知识

英语语法的有效学习能够促进学生英语听力水平的提高。众所周知，英语听力所涉及的不是单独的单词或短语，它涉及的是一段完整的话甚至是一个语篇。

学生只知道单词词义、短语词组用法，并不能完全掌握英语听力的真实含义。这时，学生需要具备足够的语法知识。因为只有掌握语法知识，学生才能以语法为基础，在听到英语句子后利用最短时间去思考其含义。理解了每一句话的含义，学生才能对英语语篇上下句有清晰的认识，进而抓住语篇的主要思想。如果说英语听力语篇是一篇需要学生用听觉与大脑破译的文字，那么英语语法就是其中最为重要的“密码”。

5. 记笔记

记笔记是听力理解中非常重要的一项技能，它可以帮助学生更好地理解和记忆听力材料的内容。然而，如何记笔记以及记什么，这是需要一定的技巧和方法的。学生需要知道在听力过程中应该记哪些内容。一般来说，学生应该记录关键词和重要信息，这些通常包括人名、地名、数字、时间、日期等。此外，学生还应该记录听力材料中的主要意思和细节信息，这些可以帮助学生更好地理解听力材料。学生需要掌握一些记笔记的技巧。一种常见的技巧是边听边记，这可以帮助学生更好地捕捉和理解听力材料中的信息。学生可以使用一些缩写、符号或图像来快速记录关键词和重要信息。另一种技巧是在听懂一段话之后，概括其主要意思并记录下来。这可以帮助学生更好地理解和记忆听力材料的内容。此外，学生还可以使用一些认知策略来帮助自己更好地理解听力材料。例如，学生可以使用树状图来概括一个段落的中心思想，这可以帮助学生更好地理解听力材料的结构和内容。学生还可以使用流线图来记录复杂的工艺流程，这可以帮助学生更好地理解听力材料中的细节信息。

6. 推理

在听力理解过程中，非语言信息如背景声音、说话者的语气及语调等，对于判定谈话发生的地点和说话者之间的关系等具有重要意义。例如，如果背景声音中人声嘈杂，还可以听到汽车喇叭声，那么谈话可能发生在街头；如果说话者的语气及语调友好、亲切，那么他们之间的关系可能是朋友或同事。此外，学生还可以运用从听力材料中获得的已知信息来对结果做出推论。例如，如果听力材料中提到某个人在某个时间段做了某件事，那么我们可以推断出这个人在这段时间内完成了这件事。在做听写练习或单词填空题时，学生可以借助听懂的内容或题目中给出的部分进行推断。例如，如果听力材料中提到一个人在某个地方工作，那么我们可以推断出这个人的职业大概是什么。

（三）社会、情感策略

1. 社会策略

听力学习中的社会策略主要体现在学生与他人的交流与合作上，学生以此来解决疑难问题、消除困惑。这种策略不仅关注个体的学习过程，还强调与他人的互动和学习。与他人的交流合作在听力学习中具有重要价值。当学生遇到难以理解的问题或困惑时，他们可以向他人寻求帮助，通过交流和讨论来解决问题。这种互动不仅可以提高学生的听力理解能力，还可以提高他们的语言表达能力。同时，社会策略还体现在对他人学习经验的反应和学习方法的交流上。学生可以借鉴他人的学习经验和方法，从中获得启示和帮助，从而改进自己的学习策略。虽然社会策略与元认知策略中的评估策略有一定的相似之处，但它们在侧重点上有所不同。评估策略主要关注对自身学习过程的评价和衡量，而社会策略则更注重与他人的合作和互动。在听力学习中，这两种策略相辅相成，共同促进学生的进步和发展。

2. 情感策略

听力学习中的情感策略对于提高学生的听力理解能力具有重要意义。情感策略强调学生在听力过程中要控制自己的焦虑情绪，调整心理状态，以达到最佳的听力效果。因此，学生要充分意识到情感策略对自己听力学习的重要影响，学会调整自己的状态，充满信心地投入学习过程中。

在听力学习中，学生的情感过滤程度对于语言习得的能力有着重要的影响。如果学生的情感过滤程度低，即不是在焦虑的状态下学习，那么他们的语言习得能力就容易提高。相反，如果学生心情紧张、信心差、焦虑感多的话，那么他们就会经常处于一种越听不懂越不敢听或越不想听的状态，这会严重影响他们的听力理解效果。因此，学生应该学会控制自己的情绪，调整自己的心理状态，以减轻焦虑和压力。他们可以通过深呼吸、放松身体、集中注意力等方法来调节自己的情绪。此外，他们还可以尝试与同学一起进行听力练习，互相鼓励和支持，以减轻孤独感和焦虑感。同时，教师也应该在听力教学中注重情感策略的运用。他们可以帮助学生减轻心理负担和心理压力、消除焦虑，使学生发挥应有水平，达到较好的听力理解效果。教师可以采用一些有趣的教学方式，如做游戏、听音乐、看电影等，来激发学生的学习兴趣，调动他们的学习积极性。此外，教师还可以给予学生及时的反馈和指导，帮助他们掌握正确的听力技巧和方法。

第四节　高校英语口语教学

一、高校英语口语教学的意义

（一）符合语言和学习语言的规律

作为人类交际工具的语言是有声的语言，它有自己的读音、书写形式和意义。人们借助词语的音或形表达意义、交流想法。在交流过程中，通过听和读来获取信息，通过说和写来传递信息。听、说、读、写这四种能力在语言交际过程中是相辅相成的，缺少任何一种，人们都无法进行正常的交际活动。

综观现代外语教学法各主要学派，如“直接法”“听说法”“自觉实践法”“交际法”等，我们会发现它们有一个共同的特点，就是强调口语训练在外语教学中的重要性。“语法翻译法”是历史最悠久的外语教学法，但它因忽视口语训练和语言习惯的养成，过分强调语法分析和翻译理解而受到人们普遍的指责。口语训练应贯串外语学习全过程，这样才有可能确保学生的语言能力得到全面发展。

（二）促进语言知识和实践的结合

学习外语确实需要注重实践，这是语言学习的本质。然而，多年来，由于受到传统教学法的影响，我们往往将英语作为一门知识课来传授，把课文分解成孤立的语言点，对语法、短语、词汇等进行举例讲解。这种教学方式虽然可以帮助学生扫清语言障碍，确保他们理解所学内容，但往往忽略了语言的形式和功能的重要性。

现代外语教学法认为，语言的形式和语言的功能同等重要。学习语言结构和词汇知识，应落实于语言实践。学生只有依靠大量语言实践，特别是口语实践，才能真正理解并熟练掌握和运用所学内容，形成语言习惯。加强口语训练是改变当前语言知识和语言运用脱节现象的一种行之有效的方法。通过口语训练，学生可以将所学的语言知识和语言结构应用到实际情境中，从而加深对语言的理解和掌握。同时，口语训练还可以提高学生的自信心，激发他们的兴趣，使他们更加积极地参与到语言学习中来。此外，口语训练还可以帮助学生更好地理解和运用所学的语言知识。在口语实践中，学生需要运用所学的语法、短语、词汇等知识来表达自己的意思，这可以促进他们对这些知识的理解和记忆。同时，口语训练还可以帮助学生提高听力水平，因为口语实践需要学生听懂对方的意思并做出相应的回应。

（三）促进其他语言能力的发展

在外语教学中，说不仅是教学目的之一，也是促进其他语言能力发展的一种重要手段。口语中的听和说是相互依存、紧密联系的，通过说，学生可以更深刻地理解话语的重音、节奏、速度、语气、语调、停顿等所携带的信息，掌握不完全爆破、失去爆破、重读、弱读、连读等发音要领，这必然会增强辨音能力，促进听力技能的提高。

目前，高校英语教学侧重于书面语。学生所见到的绝大部分语句结构完整规范，定语、状语、表语从句比较多，句子较长，这其实比较符合当今时代口语表达内容日趋复杂的趋势，因为在许多场合，如学术讨论、谈判、演讲、向上级汇报工作、求职面试等，人们经常用到大量近似书面语的结构和词语。从这个意义上来讲，口语应该也必须与书面语教学结合起来。口语训练对写作能力也会起到积极作用。人们在口语交流中通常运用自己已经熟练掌握的词语结构，这些结构也是他们用外语进行思维活动的要素。写作时，这些词语结构会首先从脑海里涌现出来，经过加工整理后成文。因此，用比较规范的话语进行口语训练能够促进写作能力的提高。

二、高校英语口语教学的原则

（一）系统性原则

口语教学的系统性主要表现在以下几个方面。

首先，口语教学应注意循序渐进，分阶段开展。口语能力的提高是一个长期的过程，不能期望一蹴而就。因此，在口语教学中，教师应根据学生的实际水平和需求，制定合理的阶段性教学目标，逐步提高学生的口语水平。

其次，口语教学的训练应由浅入深。在口语教学中，应从简单的语言形式和常用表达方式开始，逐步引入复杂的语言结构和情景对话。同时，还应注重培养学生的语言运用能力和口语表达能力，从简单的日常对话到有深度的讨论和演讲。此外，口语教学还应注重功能意念和会话内容的引入。在口语课程系统中，除传统的语言形式和表达方式的训练外，教师还应引入以功能意念为主的会话课内容。这些会话课内容应涵盖各种社交场合和情景，帮助学生掌握在不同场合下的语言表达和沟通技巧。

最后，口语教学的系统性还表现在不断完善口语课程系统方面。口语课程系统应随着学生水平和需求的变化而不断调整和完善。教学内容和方法应具有系统性和连贯性，确保学生在每个阶段都能得到适当的训练和提高。

（二）实用性原则

口语训练的目的就是传递信息，教会学生进行得体而恰当的社会交往与合作。语言是文化的一面镜子，是文化的载体，语言与文化紧密相连，离开文化因素而全面准确地掌握一种语言显然是不可能的。如果偶尔违反了语言结构规则，如出现语法错误，对方是可以谅解的，但是如果违反了语言使用规则，就会被认为不礼貌而产生交际障碍。因此，口语课应有计划、有步骤地介绍和传授与功能项目有关的文化风俗背景知识和社会背景知识，有意识地培养学生在社会语境中观察和理解语言的能力，如观察在什么场合该用什么语体，教师应尽量为学生创设语言环境，让学生提出问题、展开讨论，引导学生在读文学作品、报纸、杂志时留心和积累社会文化方面的知识。在课堂训练中，教师还要提醒学生注意自己所扮演的角色，指导学生使用得体的语言进行交际。口语教学的实用性还体现在要通过口语训练，促使学生去广泛地阅读积累、锻炼实践，从而提高自身素质。

（三）主体性原则

口语教学的关键在于学生。在口语课堂上，真正的主体、核心应该是学生，他们应当是教学过程中最活跃、最积极的参与者。教师不应该是课堂的主人，他们只能担当指导者、参与者的角色，应当把学生带进英语学习之门，为学生提供必要的帮助。合适的教材只能是给教师提供一个演出的脚本，而口语课能否上得成功、上得有声有色，让学生的语言能力得到提高，则要看教师如何调动、提高学生的积极性和主动性。与其他课程不同，在口语课上教师尤其要善于引导学生和设计活动，应该给学生提供更多的开口机会，让学生做课堂的主人。在具体的操作中，每位教师都可以发挥自己的特长，结合教材和学生的实际情况，设计合理、活泼、有益于发展学生语言能力的课堂教学活动。当然，要做到这一点，教师就必须对学生的情况了然于胸，使口语较好的学生和口语较差的学生均有机会积极地参与到口语教学活动中去。

（四）鼓励性原则

利用外语进行交际时，学生不必过分追求形式上的正确和完美。犯错误是学习语言过程中不可避免的问题，在英语口语学习中更是如此。重要的是，学生是否能够用外语进行交流，实现交际的目的。对于学生口语中出现的错误，教师不应过于苛刻或急于纠正，因为学生在进行机械或半机械操练时，犯一些基本结构错误是不可避免的。此时，教师应首先肯定学生的表现，然后引导学生自我纠正。同时，教师应该鼓励学生敢于使用英语进行会话。尽管学生在口语表达中会出现错误，但只要学生勇敢地表达自己的意思，就能够逐渐提高口语水平。

三、高校英语口语教学的模式

（一）从控制练习过渡到自由会话的模式

会话必须是思想、信息、情感的有意义的口头交流，绝不是单词、短语、句子的一种组合游戏或简单重复，如句型操练并不是会话一样。在会话课上，一种活动是控制练习，即教师主导，学生从教材或录音中获取语言，并在教师的指导下重复这些语言或进行操练。另一种活动则是自由会话，即由学生利用自己已掌握的语言表达思想、信息或情感，在教室里和同学自由地进行会话。英语口语教学应从控制练习逐渐过渡到自由会话。

（二）“投入—运用—学习”模式

口语教学非常典型地遵循了“投入—运用—学习”的模式，即教师使学生对一个话题产生兴趣，然后让学生完成任务，教师通过观察发现学生在完成任务中存在的问题，最后针对教学过程中存在的问题让学生进行分析改进。教师在口语课堂上安排口语练习活动时，应注意以下几点：第一，口语练习活动能否给学生提供练习的机会，使学生得到用外语进行交际的真实感受；第二，口语练习活动能否给学生和教师提供信息反馈，实现教学相长；第三，口语任务的趣味性能否有助于激发学生的兴趣，消除其焦虑感。不管是口语教学内容还是口语教学活动，都应注意多样性和趣味性，每一次口语课都应该有新的话题，或从不同角度讨论同一话题。口语练习活动形式如会话、分组讨论、讲故事、角色扮演、看图说话、问答等，应交替使用。分组时应尽量变换成员，目的是让学生适应与不同的人交流，有助于增加学生的新鲜感。

（三）“兴趣—欲望—行动”模式

在市场上，商品是否新颖、是否符合消费者的需求，厂商的营销手段是否富有创意、是否表现出商品的吸引力或优越性，这些因素都至关重要。从市场营销的角度来看，学生是消费者，高校要重视他们对课程商品的“购买欲”“购买力”

和“购买行动”。高校英语口语课堂如何使学生产生学习口语的兴趣、欲望以及采取行动，是口语教师应当深思的问题。

第五节　高校英语写作教学

一、高校英语写作教学存在的问题

（一）写作教学方法不科学

在传统的英语写作教学中，高校英语教师通常采用“成果教学法”，这种教学方法将写作教学停留在词汇拼写层面，并统一运用“教师命题—学生写作—教师批改”的模式。在这种教学模式下，教师往往只关注学生的写作成果，而忽视了写作过程。这种教学方法的弊端在于它不利于学生发挥自身的主动性，这导致学生在写作教学中长期处于被动地位，过于依赖教师。这样一来，他们的英语写作兴趣自然也就无法得到实质性的提升，同时学生写作的积极性也会受到影响。此外，“成果教学法”由于操作简单，被很多英语教师用于写作教学中。然而，这种教学方法不仅限制了学生的创造力和想象力，还可能导致学生在写作中出现语法错误、拼写错误等问题。因此，我们需要改变传统的“成果教学法”，采用更加科学、有效的教学方法，如可以采用“过程教学法”，这种教学方法注重学生的写作过程，鼓励学生发挥自身的创造力和想象力，同时教师可以提供及时的反馈和指导。此外，还可以采用“项目教学法”，这种教学方法让学生在实际项目中运用所学知识，提高他们的实践能力和综合素质。

（二）学生写作基础较差

当前，部分大学生对于英语写作的重要性存在误解，他们认为写作训练会占用大量的学习时间，而且收效甚微，对英语成绩的提升作用非常小。这种急功近利的倾向导致有些大学生不愿意循序渐进地学习写作，而是希望通过短期的突击训练来提高写作水平。然而，英语写作能力的提高需要长期的积累和实践。此外，现阶段大学生的写作水平普遍有待提高。许多大学生在写作过程中无法准确地掌握写作技巧和文章的整体脉络，逐渐产生畏惧心理，对英语写作失去兴趣。因此，教师应该注重培养学生的写作兴趣和自信心，鼓励他们多写多练，不断提高自己的写作水平。同时，部分大学生在英语写作中选择词汇时存在“初级化”的问题。

他们在进行英语写作时往往使用中学时掌握的词汇，极少选取高校时期掌握的单词，导致作文内容单调。因此，教师应该注重培养学生的词汇选择能力，引导他们选择适当的词汇进行表达，避免使用过于简单或过于复杂的词汇。同时，教师还应该注重学生的个体差异，针对不同学生的问题进行有针对性的指导。

（三）师资力量不足，教师对于写作教学的重视程度有待加强

英语师资力量的短缺一直是困扰高校英语教学的重要问题。近年来，随着高校不断扩大招生规模，英语教师的授课任务日趋繁重，而高校英语教师数量的补充却远远跟不上学生人数的增长速度，这给高校英语教学带来了很大的压力。为了解决高校英语师资力量的短缺问题，高校需要采取一系列措施，如应该加强对英语教师的培养和引进，提高教师的专业素养和教学能力。

在传统的高校英语教学中，多数教师较注重精读、语法等课程的讲授，对于写作教学的重视程度有待加强。然而，写作作为英语语言能力的重要组成部分，对于学生的语言运用能力和综合素质的提高具有重要意义。因此，高校英语教师应该加强对写作教学的重视，提高学生的写作水平。除了繁杂的教学任务之外，高校英语教师还需要花费大量的时间和精力对学生的作文进行批改。对于写作水平较差的学生，教师需要付出更多的精力和时间来帮助他们提高写作水平。因此，写作教学任务对于高校英语教师来说较繁重。针对此类问题，高校可以采用一些现代化的教学手段，如在线批改、智能辅助等，以减轻教师的工作负担。

（四）句子层面的语言薄弱点

句子是表达思想的基本单位，优秀的短文需要符合语法规范、语义完整、表达简洁准确的句子来支撑。然而，反观现阶段的大学生作文，可以发现学生在应用语言进行笔头交际时，常犯的语法错误从语言形式和内容上看，主要有主谓不一致、动词短语搭配不当、平行运用失衡、多重修饰相关词排列次序不当、虚拟语气使用不准确、句型（强调、倒装、省略等）使用不准确等。这些问题说明了学生语法观念淡化。在高校英语教育中，语法教学一直是一个重要的环节。然而，由于教育定位的变化，许多学生在进入高校后，会产生某种茫然和不适感。他们以为高校英语的目的就是扩大词汇量，而忽略了语法的重要性。实际上，高校英语学习是对语言知识的纵深拓展，其更加注重听、说、读、写、译等方面能力的均衡发展。其中，语法能力是基础。只有掌握了正确的语法知识，才能更好地理解和运用英语。因此，高校英语教学中应该注重语法教学，帮助学生掌握正确的

语法知识，提高他们的语言运用能力。同时，学生也应该注重自身的语法学习。在平时的学习中，应该多阅读英语文章，积累语感，培养英语思维。同时，也要多练习写作，通过写作来检验自己的语法知识是否扎实。另外，针对学生常犯的语法错误，高校英语教师也应该采取相应的措施加以纠正。首先，教师应该注重语法知识的讲解和训练，帮助学生掌握正确的语法规则和用法。其次，教师应该鼓励学生多读多写，通过实践来巩固所学的语法知识。最后，教师还可以通过批改作业、课堂讲解等方式来纠正学生的语法错误。

二、高校英语写作教学的原则

（一）理论与实践相结合原则

理论知识是英语写作的基础。学生只有掌握了英语语法、词汇、句型等基础知识，才能更好地进行英语写作。因此，教师在教学中应该注重语法规则的讲解和词汇的积累，帮助学生建立扎实的语言基础。实践能力是英语写作的关键。学生需要通过大量的写作练习，提高自己的写作技能和表达能力。因此，教师在教学中应该注重写作训练，包括命题作文、自由写作等，以帮助学生掌握正确的写作方法和技巧。理论与实践相结合的原则要求教师在教学中将理论知识和实践能力有机地结合起来。教师可以采用案例分析、小组讨论等方式，让学生在实践中运用所学的理论知识，提高他们的写作能力和语言表达能力。

（二）学以致用原则

写作练习应以应用文为主，这是因为在未来的工作环境中，应用文是一种常见的书面沟通方式。无论是报告、邮件、合同还是其他形式的应用文，都需要学生具备解决实际问题的能力。因此，写作教学应该注重实践和应用，让学生通过写作练习掌握实际工作所需的技能和知识。然而，写作教学强调应用并不意味着学生只学几种应用文的格式和套语就可以了。写作教学应该注重培养学生的思维能力和表达能力，让学生能够从不同的角度思考问题，并用清晰、准确的语言表达自己的观点。因此，写作教学应该包括多种类型的文本和话题，让学生能够掌握不同类型的应用文写作技巧。同时，为了避免实用主义的倾向，写作教学应该注重学生的个性和创造力。教师应该鼓励学生发挥自己的想象力，写出具有独特性和创新性的应用文。同时，教师也应该注重学生的语法、拼写和标点等基本语言技能的训练，让学生能够正确、规范地表达自己的意思。

（三）符合学生实际情况原则

1. 将写作技巧与范文分析结合起来

传统的写作教学往往过于注重写作技巧，而忽视了语境和文章目的的重要性。这种教学方式容易导致学生片面追求修辞手法，而忽略了文章的整体内容和目的。实际上，修辞手法和文体风格是为文章的总目的服务的。如果脱离了语境，学生很难真正掌握修辞手法的运用。因此，在写作教学中，教师应该注重引导学生理解语境和文章目的，让学生明白不同的语境需要运用不同的修辞手法和文体风格。同时，范文的作用也非常重要。教师通过提供优秀的范文，可以让学生更加直观地了解如何运用修辞手法和文体风格，从而使其更好地掌握写作技巧。此外，通过模仿范文，学生可以逐步将知识融会贯通，以提高自己的写作水平。

2. 将自由命题作文与范文阅读和分析结合起来

自由命题作文确实可以让学生有更大的发挥空间，但同时也要求学生具备一定的写作水平和语言表达能力。如果学生的写作水平没有达到一定的高度，自由命题作文可能会导致学生出现错误连篇或者中文式的表达等问题。因此，高校英语写作教学仅靠自由命题是不够的，还需要有相应的范文进行配合和引导。范文可以为学生提供榜样和灵感，帮助他们更好地理解和掌握语言规则和表达方式。通过阅读和分析范文，学生可以学习如何运用语言组织文章结构和表达思想，从而更好地完成自己的写作任务。此外，命题还需要有一定的灵活性和想象空间，以保证学生能够充分发挥自己的创造力和想象力。一个好的命题应该既能够引导学生深入思考，又能够激发他们的想象力，让他们在写作中展现个性和创意。

3. 提供比较对象

比较是提高写作能力的有效方法之一。教师将学生的习作与范文进行比较，可以帮助学生发现自己的问题，了解到自己的习作与范文的差距。这种比较可以让学生直观地看到自己的不足，从而有针对性地改进自己的写作技巧。此外，通过比较范文和自己的习作，学生还可以更好地理解范文的特点和优点，从而更好地吸收和借鉴范文的精髓。例如，在比较的过程中，学生可以学习范文的表达方式、用词选择、句子结构等，从而在自己的写作中加以应用。

第三章　高校英语教师教学角色和教学方法的转变

本章介绍高校英语教师教学角色和教学方法的转变，主要从两个方面进行了阐述，分别是高校英语教师教学角色的转变、高校英语教师教学方法的转变。

第一节　高校英语教师教学角色的转变

一、高校英语教师在传统教学中的角色

受中国尊师重教的文化传统的影响，教师长期被视为知识的播种者，教师在教学中的示范性特点尤为突出。

长期以来，高校一直采用以教师、教材和课堂为核心的教学方法来教授英语。教师会将教材内涵转化成授课的关键点。很多教师通常只依赖一本教材和一本参考书来进行教学。教师扮演的角色有很多，包括语言传授者、语言示范者等。作为语言传授者，教师应该认真教授学生需掌握的英语语言知识；作为语言示范者，通过展示听、说、读、写、译等技能，引导学生进行模仿学习。此外，作为课堂活动的主持人和监督者，教师还应精心设计问答、听写、导论等环节的内容、流程和时长，并对学生在课堂上的表现进行客观评估。显而易见，在以往英语教学过程中，教师起着主导作用，他们的授课占了课堂的多半时间。

渐渐地，教师扮演传授者、示范者、监督者和主持人角色的传统英语教育暴露出了一定的弊端，即教师角色过于单一、静态，无法有效地激发学生的学习兴趣、调动学生的学习积极性。

二、高校英语教师转变后的角色

随着信息、科技的飞速发展，计算机、多媒体和网络被越来越多地应用到各

个领域，包括高校英语课堂。因此英语教学内容发生了质的变化，从重视阅读和翻译能力转变为重视培养英语综合运用能力。这些变化将不可避免地引发高校英语教师角色的改变。

随着信息技术与各种媒体的飞速发展，教师已不再是学生获取语言知识的唯一来源，除了教授语言知识，教师更需要重视学生在智力、情感、精神等方面的进步。完善当代高校英语教学需要教师角色变得更加灵活与多样，不再是以往教学中的“掌控者”。所以，在当今高校英语教学领域，教师不仅要担任主导者、教授者、评估者等角色，还需要担任教学组织者、指导者、推动者、鼓舞者及信息资源提供者等多重角色。具体角色如下。

（一）信息资源的收集、分析和提供者

当今高校英语教学模式的发展借助了庞大的网络，为学生提供了丰富的信息资源。然而，学生在面对如此庞杂的信息时，通常无从下手，缺乏有效的应用方法。所以，教师需给予指导和帮助，不应仅仅承担以往教学中知识教授者的角色，还要在学生的学习中提供多样化的信息资源，以便让学生适应教学重点的变化。教师需充分了解学生在学习某一知识时需要的信息资源，以及这些资源在学习中的价值。此外，教师需要收集与学习相关的多种资源和信息，并对其进行仔细的分析和整理，最后以网络和多媒体的形式为学生制订有针对性的学习计划。

（二）课堂教学中的组织者和合作者

在课堂教学中，教师不仅要传授语言知识，还要引导学生汲取知识并参与活动。教师在课前的精心设计对调动学生参与学习活动的积极性和提升学习效果起着至关重要的作用。此外，在教学过程中，教师需运用教学技巧，巧妙地应对各种教学情况，提升教学效果。教师还应根据学生的背景，如专业、年级、语言水平等，适当调整教学进度和教学方法，以满足学生的学习需求。在引入新知识、扩展课外内容、讨论问题等方面，教师需设计丰富的案例和习题，以吸引更多的学生参与到语言学习中来，让每个学生都能发表自己的看法。需要注意的是，教师应具备较强的课堂掌控能力，管理学生既不能太松散，也不能太严格。对于学习层次不同的学生，教师应该采取分层教学，在多媒体技术的辅助下，让学生选择适合自己的教学方法，同时自行设置学习时长，以此更好地满足学生的个性化要求。

在高等教育的英语授课中，教师可以尝试“放下身段”，担任与学生一起探究新知识、学习新技巧的伙伴角色。在学生自主学习或合作探讨的活动中，教师

不能认为自己的任务只是讲授相应的教材知识，还要注重学生的学习情况。很多学生希望采取以教师为主导、师生互动的教学形式。因为学生的个性不同，所以仅仅依靠学生自己去学习是很难有效完成学习任务的。因此，教师需在学生的学习中发挥作用，引导、协助学生，与学生共同学习，起到“牵线搭桥”的纽带作用。需要特别注意的是，在协助学生学习的过程中，教师要降低自身的权威感，以免无意间让学生再次处于被动的境地，最好的办法是教师尽量减少对活动的干预，不过多提供指引或意见，仅在学生需要帮助的时候才介入活动。

（三）学生学习过程的引导者和帮助者

学生是知识建构和内化的主体，在学习的过程中，教师的作用是帮助学生完成学习任务，而不是代替学生完成。尽管大多数学生的学习动机较强烈，但是许多学生并没有找到适合自己的行之有效的学习办法。因此，教师需重视学生学习方法的探究以及学习思维能力的提升，尤其在讲授知识和练习时，应采用启发式的教学方法引导学生逐渐理解知识的本质，熟悉语言技能。教师还需引导学生养成良好的学习习惯。例如，如何运用联想记忆、对比记忆等不同的学习方法来巩固已学知识，如何提升对语段的敏感性和总结能力，如何利用英文新闻来强化听力水平等。教师应该特别重视引导那些自学能力较弱、学习能力较差的学生，帮助他们摆脱“学不好就失去学习兴趣，进而导致更差的学习成绩”的恶性循环。教师应该鼓励学生在语言练习中勇敢面对自己的不足之处，并且不要对此感到羞愧。教师应鼓励学生：只要一步一个脚印地积累，就能不断提升自己的英语能力。教师需要减少学生过度依靠教师的想法，同时协助学生建立自己的自信心。引导是在学生碰到疑难问题时教师出手协助，它主要用在学习方法、语言思维上，在学生对内容和技巧熟悉的前提下，旨在提高学生的能力水平。在得到教师的引导后，学生的学习效率会提升，这会促使他们更有学习动力。教师的引导可以有效提升学生的语言水平，还能够帮助他们养成主动学习的习惯。

所以，在当今教学模式的发展下，教师需充当学生学习过程的引导者和帮助者，而不仅仅是知识的传授者。教师需要给予学生有效的帮助，以便使学生积极主动地学习新知识，且依据其头脑中的知识构建自主知识体系。

（四）信息化学习环境的管理者和开发者

现代教学模式强调教学的个性化和主动性，教师普遍采用计算机、网络、教学软件等作为教学工具。教师不仅需要依据教学目的、教学对象、教学内容来挑选最佳的教学媒体，还要充当信息化学习空间的管理者和开发者角色。在以往教学方式中，教师的任务主要是管理课堂，以确保课堂教学有序进行。而在现代学习模式中，学生需要通过多媒体和网络资源进行独立学习和小组学习，这不仅要求教师在课堂教学方面熟练掌握多媒体技能以及网络通信技能，还需要教师在信息化学习空间方面具备良好的管理能力以及制作和开发生动有趣的教学课件的能力，且将其与教学活动融为一体，营造理论性与趣味性兼备的学习氛围，以增强学生的学习效果。

（五）学生学习的评价者

在当今时代，对学生学习的评价与以往有所不同。学生不仅要上课和考试，还要利用课余时间在网络上进行英语学习。所以，教师需要具备对学生进行综合评价的能力，这种评价的关键点是处理问题。教师需要汇总学生上课、考试和网络学习等不同方面的数据，并根据汇总结果，评价学生在处理问题时的表现。教师还需明确评价标准和步骤。

（六）终身学习者和教学的研究者

高校英语教育改革的迫切要求是教师必须持续不断地提升教学素养，深入研究教育教学的新内涵，这意味着高校英语教师需同时扮演终身学习者和教育研究者的角色。一方面，教师需认识到终身学习的重要性，并以身作则，成为学生学习、进步的榜样。第一，教师要持续强化自己的基本技能。对高校英语教师来说，拥有较高的英语水准和高超的英语技巧是极为关键的。教师可以通过阅读英语图书、发表专业论文来提升自身的专业素养。第二，教师必须不断更新自身的知识体系。随着社会的快速发展，教师需要不断学习新知识，以适应科技的持续变革。此外，还需要时刻关注最新的教育资讯，以提高自身职业素养。第三，教师应熟悉各种现代信息技术，如学习计算机、网络等相关知识，这已成为教学的最新要求。另一方面，教师还要进行教学研究。高校英语教师应当重视科研能力的培养，将教学探究视作教学工作不可分割的一部分，并意识到将教学探究纳入教学工作对提升个人素养和教育水平有着重要意义。如果教师能够在教育教学实践中，像研究者一样去观察、思考，那么他们就会更加理解教育教学理论，对突发问题也能更加灵活地应对，进而具备创新能力。

三、高校英语教师角色转变的方法——转变教学观念

教学观念指的是教师对教学目的和意义的理解，代表了教师对教育教学的理解和认识。

高校英语教师要突破传统的教学模式，抛弃过时的想法，并再次审视自己在教学过程中的角色。教师应从被动地吸收教学大纲和形式的状态中走出来，将自己转变为课堂活动的组织者。同时，除了学习别人的经验和成果，教师还应该成为以课堂教学为关键内容的知识探究者。

教师要想在高校英语教学的过程中激发学生的学习兴趣与学习欲望，就必须改变教学观念，重点探究教学方法，与学生紧密互动。这种变化是非常有必要的，因为只有这样，才能促使学生在短期内提高学习认知能力。

第二节　高校英语教师教学方法的转变

一、转变方式之课堂提问模式类型和运用

课堂提问是组织课堂教学的重要环节。课堂提问的有效性受到了广大学者和教育工作者的关注。课堂提问仍然是课堂教学中最主要的活动。在课堂教学中，教师最常用的模式就是问答模式，这是教师话语活动中不可或缺的一点。

要想在英语课堂上增强提问的效果，以及让课堂教学产生正面影响，教师就需要深入探究课堂提问的模式。课堂提问不应局限于以往教师单向提问的模式，要涵盖学生向教师提问以及学生间相互提问。这种多元化的提问方式有利于促进学生积极思考。在高校英语课堂教学中，常见的提问模式是教师提问一名学生，学生解答后教师予以评估。此单向提问模式虽然多被应用，但不能有效推动课堂交流、增进彼此沟通。为了增强高校英语课堂的学习效果，有效提高课堂质量，英语教师需充分运用三种提问模式，分别是师—生提问、生—师提问及生—生提问。

（一）师—生课堂提问模式

在课堂教学过程中，师—生课堂提问是最常见的提问模式，通常是教师提出问题，学生作出解答。尽管这种模式在学校中最普遍，但并非唯一的课堂提问模式。一些语言学家按照多种视角对教师课堂提问的类别做了整理。我们通过朗和萨托（Long&Sato）的研究来说明教师提问在课堂沟通中的重要作用，且将问题分成两种类型：展示式问题和参考式问题。

1. 提问类型

（1）展示式问题

展示式问题是用于评估学生语言知识的问答方式，它要求学生用所学知识来回答问题，帮助教师了解学生的学习状况。同时，教师往往会为这类问题提前设计好正确答案，然后提示学生采取某种句式或利用现成的答案来回答问题。

（2）参考式问题

参考式问题没有固定的标准答案，学生可以自由表述自己的观点。在解答问题前，学生需进行高强度的认知活动，迅速检查自己学过的词汇和语法知识，以找到最合适的回答问题的方式。教师在询问学生参考式问题之后，才能够详细了解学生的语言应用能力。

2. 提问方式

依据课堂表现，高校英语教师通常会采用以下提问方式：一是会直接点名要求特定的学生回答问题；二是让学生以小组的形式作答；三是学生主动表达意见；四是由教师亲自解答。因为一般只有班级中成绩比较优秀的学生会主动回答问题，所以此提问方式在语言技能的提升上会对成绩较差的学生产生不利影响，然而若过多使用点名回答问题的方式，学生就会变得非常被动。尽管教师亲自解答问题的做法可以在短暂的教学时间内起到有效作用，但它却大幅削弱了提问的本质价值，并且让学生更加依赖教师。有一个值得所有英语教师思考的问题：如何在课堂上巧妙地应用提问方式营造积极的学习氛围，让所有学生都能从中受益，不论其成绩优劣、性格开朗还是文静？教师需要动脑筋，不断尝试新的方法，用实际行动解答这个问题。

3. 等待时间

在提问后，教师留给学生的反应时间的长短对教学效果具有重要影响。在语言教学课堂中，教师留出的等待时间对于学生思考是非常关键的，因为学生需要较长时间来思考教师提出的问题。大部分教师在等待学生回答问题时，若等待时间超过三秒钟就会介入。但是，如果教师愿意给出较长时间，如五秒甚至更久，便会有更多的学生参与课堂提问。增加等待学生回答问题的时间有以下效果：学生正确解答的概率增加；学生在回答的时候会加入自己的思索和猜测；学生进行答案比较的情况会增多；学生的逻辑能力会得到提升；学生可以更积极地表达自己的疑虑；学生在课堂上参与口语沟通的频次会增多。

4. 教师反馈

（1）教师反馈的分类

教师往往会用两种反馈方式：肯定反馈及否定反馈。肯定反馈指的是采用诸如“Good（好），Yes（是的），Okay（好的）”等肯定性言辞，以表达对学生回答或表现的认可。否定反馈可以从以下三点表现出来：第一，忽略学生的解答，即当学生准确作答的时候，教师不给予表扬；第二，指责或反对，如使用“No（不），Nonsense（胡说），Hurry up（快点）”等言辞；第三，过于着急去改正学生在语音、句法、用词等上的错误点，从而打断学生的解答。

（2）教师反馈对学生的影响

即使学生回答的是同样的问题，不同教师的反馈方式也会对学生的心理产生不同的影响。给予肯定反馈可以帮助学生提升自信心、激发学习欲望及拓宽思维视野等，这些对学生都非常有益。否定反馈，尤其是教师对学生的负面评价，通常会让学生感到难堪，导致学生在课堂上呈现出不积极的状态，不敢踊跃解答问题，学习动力也会随之减弱，甚至放弃对准确回答的追求。由于肯定反馈可以激励学生学习，所以在教师教学的时候，尽量多给肯定的反馈，即使学生的回答不太准确，也需以欣赏的语气肯定其学习态度，尽可能不给出否定反馈，而是给出积极的正面引导。当学生回答错误时，教师需以积极的态度，鼓励其下次回答更准确，而不是采用批判的方式。

5. 分析与改进

在教学过程中，教师需根据不同的情况选择使用展示式问题或参考式问题。教师必须认识到提问在课堂教学中的关键作用。设计问题的时候应从多角度出发，将语言认知和沟通技能融合起来，从而设计出具有意义和价值的问题，以免提问方式太过单一。教师尽量降低使用展示式问题的频次，多采用参考式问题，鼓励学生进行更多的互动沟通，以提升他们的语言应用技能。

（二）生—师课堂提问模式

在课堂上，学生提问是高水平的参与方式，比起学生被动地接受知识，它能更深入地让学生了解知识的内涵。学者的研究已经证实了学生提问在教学中的重要意义，且收集了相应的研究结果。

虽然学生提问有许多优点，但是在课堂教学的过程中，学生提问往往被忽视，学生提问的价值也往往被低估。在实际教学场景中，为了按照计划开展教学，教师常常无法留出充足的时间让学生提问，学生也常常提不出问题。导致学生提不出问题的原因可能有以下五点：理念困境、信息获得困难、教师权威感过强、教学方法不当、技能不足。另有学者认为，教师的心理压力是导致他们不愿激励学生提问的因素。教师会面临两种心理压力：害怕出错、害怕冷场。在英语课堂中，教师需要给学生充足的时间，激励他们随时提问题。当遇到复杂问题时，教师能够给出简洁的回答，且激励学生自己上网搜寻所需的资料。

（三）生—生课堂提问模式

在生—生课堂提问模式中，学生发起问题并亲自处理问题。这种提问模式可以赋予学生提出问题和处理问题的主动权。若教师可以充分运用生—生课堂提问模式，不仅能增强学生的学习动力，还会提升他们的思维能力。此外，还能增进学生间的交流与合作。然而，在实际英语教学中，部分教师不太愿意使用生—生课堂提问模式，因为他们害怕无法掌控课堂进度、无法及时讲完教学知识点等。

在高校英语课堂中，需要营造“互动和沟通”的氛围。要想增强高校英语课堂的教学效果，教师需积极参与实践交流活动。单向课堂提问模式不能很好地提升学生的英语综合应用技能，因为这种模式是由教师点名学生来回答问题，彼此间缺乏足够的知识探讨。作为一名高校英语教师，需要具体了解各种提问模式的特征，以及它们的优缺点，并且在适当的教学场景中使用恰当的提问模式来指导学生。如让学生通过回答参考式问题来提升其自主思考能力；激励学生向教师和同学提出问题，且指导学生参与探索和合作式的活动。

二、转变方式之交互式翻译教学模式的应用

部分研究者试图定义交互式翻译教学模式。伍小君认为：“交互式翻译教学模式是从认知活动的规律出发，以建构主义理论为基础，提出的翻译教学改革的一种思路；是针对传统翻译教学中囿于教材或语言现象，忽视学生的主体作用而提出的。”① 钱春花认为，交互性翻译教学模式是通过师生交互、生生交互、师生与翻译市场交互等交互形式，通过交流、对话、讨论等交互学习方法，力图克服传统翻译教学的不足，创造师生、生生互动的教学环境，激活学生的学习能动性，以期获得最佳教学效果②。这表明研究者一致认为，交互式翻译教学模式的核心是师生间、生生间、师生与翻译市场间的互动。

---

① 伍小君．“交互式”英语翻译教学模式建构［J］．外语学刊，2007（4）：121-123.

② 钱春花．交互性教学对学习者翻译能力的驱动［J］．外语界，2010（2）：19-24.

（一）师生交往互动

师生互动教学能够开阔学生思维、提升学生综合翻译技能。师生间的不断互动，使以往以教师为主导的教学方式发生了变化。因而，在翻译教学的全过程中，教师必须注重师生交往互动。

在进行翻译教学前，教师必须意识到学生在其中扮演着重要的角色，明白学生在学习翻译上的需求和动力。同时，在翻译教学计划的设计、内容撰写、教学资料及办法应用等方面，应充分听取学生的意见并予以考虑。教师在选择教学资料时需考虑多数学生比较了解的、比较热门的和备受关注的话题来进行交流互动。只有这样，学生才能主动地发表自己的看法。除此之外，教师还应当精选与课程知识有关的题目，以便加速学生融入学习氛围，让学生更快地适应翻译语境，从而汲取新知识。这样一来，就能为新知识的传授搭建一个最佳的转变桥梁。

在翻译教学的过程中，教师需要确保学生在课堂交流中的中心地位，教师要成为学生学习的伙伴、协助者和推动者，能够应用多媒体技术设计比较生动有趣的课件，课件内容包括教学大纲、翻译知识点和句型以及图表、链接和影视等，借助课堂教学，运用教授、提问、探讨和展示相结合的教学模式，以此提高教学效率、激发学生积极性，达到最佳的教学效果。除此之外，在翻译课堂上，教师还需观察学生翻译的不足之处，且与学生进行互动。翻译重难点是学生最关注的部分，因此针对翻译重难点进行交流互动，不仅能够激发学生的学习欲望，还能提升学生的创作力以及让学生获得突破困境的勇气。总的来说，在进行翻译教学时，教师需与学生积极沟通，引导学生自主参与教学内容的学习。

教师和学生之间的互动对课后任务同样很关键。教师在课后检查作业的时候，不仅要对错误进行修改，还要对正确的部分进行评价。教师在进行修改和评价的时候，应该重视对学生的引导，以帮助他们突破翻译困境，并且通过师生相互提问来一起分析怎样正确运用翻译技巧。除此之外，教师还需赞赏那些有进步的学生且认可他们的翻译成果。同时，将翻译成果较好的部分打印出来分发给学生，让学生彼此沟通学习，激发他们善于思考、勇于挑战、敢于创新的精神。总而言之，在翻译教学中，师生之间的互动和沟通需贯串教学的全过程，包括课前、课中和课后。

（二）生生交往互动

在翻译教学的过程中，生生间的交往互动十分关键。即使缺乏专业练习，学生依然可以提供有益的意见，协助同伴提升翻译水平。所以，学生可以通过接受同伴的意见来提高翻译能力，以此增强学习主动性。

在教学过程中，生生交往互动需要打破课堂限制，让学生在更广阔的课堂环境中进行交流和互动，进一步丰富学习体验。此外，分组是很有必要的。在分组的时候，需要充分了解学生在翻译方面的异同之处以及同组学生之间的差距。根据学生翻译水平的不同，促进他们之间积极互动和合作，进一步提升所有学生的翻译技能。小组合作翻译，可以让学生获得更高质量的翻译作品，同时促进生生之间的互动与交流，构建积极向上的学习环境。

在教育活动中，教师不仅是策划者、组织者和监管者，还扮演着推动者和协助者的角色。要达到生生交往互动，教师需要在策划、组织和监管方面做到合理、精确和谨慎。教师就像催化剂一样，激发学生的学习欲望，给予学生适当的协助，以此促进生生之间的良性互动。此外，教师通过监管和评估，可以确保生生交往互动的效果，进而充分展现生生交往互动的优势。当然，教师需要具体探究不同的互动方式，并让它们相互补充以增强教学效果。

（三）师生与翻译市场的交往互动

目前，英语专业本科翻译教学普遍存在一个问题，即教学与实际翻译之间缺乏有效的互动和联系。学生对实际翻译的要求和运用以及有关规定了解较少。此外，翻译资料与现实翻译之间的联系较少。因此，翻译教育应当摆脱以往以理论为主的课堂教学形式，向现实需求方向调整，且与社会实践紧密联系。师生和翻译市场间的互动包括与翻译市场合作完成翻译任务、模拟翻译市场的情境体验、为学生提供翻译实习机会、邀请翻译市场的专业人士为师生提供培训等。

在教学前期，教师的关键任务是选择适应社会和市场发展的资料来进行翻译课堂教学。为了达到教学效果，教师需要挑选能够满足实践需求的教材，并做好充足的课前工作。此外，教师需考虑怎样将挑选好的教学材料用到实际教学中去，以便激发学生的兴趣，让他们更好地融入教学过程中。在教学后期，教师引导学生参与翻译市场活动且创建一些类似于翻译市场的情境，同时关注学生的翻译表现以及了解学生的最新进展。另外，学生踊跃参与翻译项目也是其与翻译市场互动的一种形式。这不仅可以帮助学生了解翻译市场的日常运营，让他们深入了解翻译市场的准则，真正提升他们的翻译技能，还可以提升学生在翻译市场上必备的职业素养。在模拟翻译市场的情境中，教师应鼓励学生与虚拟客户进行交流，这对学生的翻译水平会产生积极的影响。教师需要努力营造与翻译市场相似的场景以及开展社会实践活动，以此促进学生与翻译市场之间建立紧密的联系。

教师让学生去翻译市场实习，可以促进学生与翻译市场之间的互动，这对学生而言十分重要。实习让学生能够亲身体验翻译市场的真实情况。实际情境的培训能够为学生毕业后的职场生涯奠定坚实基础，并帮助学生有效地克服职业道路上的一些困难，从而使学生在毕业之后可以自信地应对不同的职场问题。

总而言之，在翻译教学中，教师需要采用交互式的教学方法。因为翻译教学是语言教学的一部分，而且翻译教学还涉及翻译活动的复杂性，所以为了有效地培养学生的翻译能力，高校需要将学生、教师和翻译市场密切联系起来。教师应该营造出翻译市场的真实场景，且引导学生积极参与场景。学生应与教师协作，了解翻译市场的趋势和需求，并针对出现的问题向教师反馈。学生与翻译市场的交往互动有利于学生日后在翻译职业生涯上稳步前行。可以看出，翻译市场成了师生交往互动的有利操作场所。交互式翻译教学模式侧重了解过程中多种主体间的交往互动，旨在打破教师在课堂中的主导局面，鼓励学生参与课堂教学及翻译市场，为其将来快速达到市场要求积累经验。

三、转变方式之开展同伴互助与同伴观察学习

（一）同伴互助

1. 开展同伴互助的益处

同伴互助是一种让教师互相借鉴、心灵互通、提升教育教学技能和促进教育教学改革的合作方式，它的效果十分显著，其他教学方式无法替代。

（1）同伴互助能够让教师有归属感

只有进到大海，一滴水才能永不干涸。归属感深深植根在我们的内心。日常生活中，个人需要家庭作为归属，同样工作中，社会成员也需要某个团体作为归属。同伴互助活动的顺利开展可以让每个成员都成为其中重要的一分子，并让他们在活动中成为参与者和受益者。这样的活动可以让大家共同取得合作的喜悦，同时也给每个成员带来心理上的归属感。这种方式还可以为暂未得到领导和同事重视的教师提供极佳的心理支持，增强团体认同感。

（2）同伴互助能够提升教师在教育教学方面的创新思维能力

水尝无华，相荡乃成涟漪；石本无火，相击而生灵光。教师之间思想相互碰撞，可以孕育出灵感。在彼此探讨、辩论、沟通的过程中，教师集思广益，探索

新的教学形式和办法，寻找创新妙招，制定改革策略。这可以激发每位教师的潜力和创造力，还可以挖掘教育材料的本质以及评估教学方法的特性，从而进一步促进英语教师的专业发展。

（3）同伴互助可以让教师共享更多的认知、阅历和资源

经常听到这样的说法：一个苹果分给两个人，每个人得到一半的苹果；当一个想法被分给两个人时，它就会分裂成两个独立的想法；而当许多人都与之分享时，该想法就会演变成许多个不同的版本。同样，当一个人的经验被分享出去时，其他人可以学习且不断吸收其经验，从而将该经验持续改善。这种学习方式不但节省时间，而且学习效率成倍提高。同伴互助对英语教师来说，具有比个人奋斗更强大的动力，且可以极大地推动教师的专业发展。

（4）同伴互助能使教师减轻工作负担

英语教师的工作量很大，每个教师精心备一堂课需要两到三个小时，高等院校的英语教师教不同专业的英语课，需要花费更多的时间。通过同伴互助，英语教师能够互相分享资料和成果，这不仅节省了大量的人力，而且还让教师的工作更高效。

2. 同伴互助的形式

同伴互助有不同的形式：可以是校内教师之间的协助；可以是不同学校之间教师的互助；可以涉及同一学科内的教师合作；可以是跨学科和专业的教师之间的沟通。同伴互助是由教师参与的互相帮助的活动，参与人数不限，形式多变，能由不同的小组组合而成，小组成员可以是二人、三人、四人等，教师彼此间互相平等、自愿、民主。在组织形式上，同伴互助有两个方式：其一为组织型，指的是由高层主管部门或学校开展的研讨会；其二是自发性，指的是教师自己积极与其他教师或教育学者、专家展开探讨，不受时长、空间等的限制，能够随时开始、结束。事实上，第二种互助形式在教师中非常普遍且备受欢迎，其优点是能够轻松自在地获得互助效果，但它的缺点是缺少精确的规划和安排。

同伴互助的形式有以下几种。

（1）对话（交谈或讨论）

对话可被分为不同的类别。第一是信息交流。例如，教师参加研讨会，通过交流获得信息。第二是分享阅历。教师可以组织沟通会，与同事分享优秀的案例与体验，同时交流获得的经验与感悟，从而取得情感上的认可以及知识上的拓展。同伴之间还能够沟通彼此的学习经历、感受与见解，达到相互学习、共同进步的目的。认真听取同伴的失败阅历，以免犯相同的错误，且经过交流和沟通，同伴

间能够得到彼此的支持。第三是深度对话。它是一种比较开放的进程，不限定主题，它还非常有创造力和建设性。通过深入对话，教师将被激发出隐藏在心中的可能连自己都没有意识到的想法。该进程能够创造出许多有意义的思路。

（2）合作（协作）

有的探究项目需要多名教师共同完成，其宗旨是以协作方式实现目标。此外，每个人又都有自己负责的部分，但最终目标是相同的。该探究方法重视合作进行和集体智慧，如团队评分、集体备课等。

（3）帮扶

经验充足且出色的教师担任导师，实行传授、支持和引导策略，旨在帮助新教师快速满足任务和教学的需求。如“师徒结对”就是一种帮扶形式。年轻教师聆听有经验教师的课堂教学，深入体验教学过程，汲取有用的知识；师傅自愿听徒弟的课程，了解徒弟哪里需要提升，并提供有针对性的引导。此外，师傅也从徒弟那里吸取更新颖的思想且学习新的实践方法。利用这种方式，师徒双方都能发挥各自的长处，促进彼此进步，达到相互补充的效果。

3. 同伴互助的基本途径

（1）教学活动

①教学技能比赛。为了提高教师的教学能力及教学水准，各个高校举办不同类型的教学比赛，如演讲、授课等。比赛重点是鼓励教师互相学习、相互竞争，提高教学技能技巧，从而形成一个良性循环。

②教学公开课。为了增加家长、社会对课堂及学校的熟悉度，提升学校的知名度及吸引更多的学生和教育资源，很多高校都举办了公开课，向社会开放，同时还在多个地区的学校之间开展交流，尤其是在教学开放周活动中，以“同一门课程，不同的教学形式”为核心，采取“重新授课，注重新思路”“不同路径，但同样收获”的方式，实现英语课程的多元化解构。学校间彼此合作，同一领域内的教师彼此交流，骨干、经验丰富的教师与阅历较浅的教师彼此沟通，以此取得公开课的最佳效果。

③教学讲座。英语教育部门或者英语科研小组会安排专场教学讲座，由资深英语学科研究者开展知识引导，内容涵盖课程理论和课堂教学创意。其他教师可以观摩讲座、探讨沟通，共同改进教学理念以及提升教学技能水平。国家、省、市、区的不同讲座邀请了很多优秀教师，这些教师将自己丰富的理论知识与实践经验与其他教师分享。教师需要持续向同行学习，以获取独立学习无法获得的知识。

（2）互动交流

①教师沙龙。英语教师非常愿意参加教师沙龙，这是一种常见的交流活动。它的应用不受限于某一种形式，能够应用到每天教学探究的互动辩论中。教师沙龙可以按照年级组、教学组或科研组等来开展，还可以分为专题性和非专题性沙龙，以提供更具针对性的交流和学习机会。教师沙龙摈弃了传统的“一言堂”教研活动模式，使参与者的自由创造精神得到有效释放，在良好的氛围中，教师无拘无束、自由成长，教师沙龙最大限度地促进了教师的参与积极性，从而使同伴互助达到很好的效果。

②教师帮扶小组。“师徒结对”“一对一结对子”是同伴互助的另外一种重要形式，成立教师帮扶小组，进行结对子帮扶活动，能很好地促进青年教师的成长。帮扶教师双方可以一起商议、共同制订具体的帮扶计划，采取相应的帮扶措施，定期对帮扶的成果进行检查。有着丰富教学经验和卓越教学业绩的杰出教师、同时具备教学能力和科研能力的教师，以及备受认可的精英教师，都可以承担辅导新教师和年轻教师的重要职责，让新教师和年轻教师快速适应教学节奏。作为学习者，新教师和年轻教师需要频繁地到杰出教师的授课现场进行观察和学习，汲取他们的教学经验，并将学到的知识应用在自己的教学过程中。师傅也要经常深入徒弟的课堂，了解其不足，对于新教师在教学中出现的问题要及时且有针对性地给予指导，并要坚持检查新教师在汲取经验之后教学改革的成效，重新给予评定和指导。只有这样，师徒才能各自展现优势，相互支持、相互补充。

③合作交流。在高校中，英语教师彼此合作，一起完善和改进教学方式，以此来增强学生的学习效果。合作可以激发英语教师的教学热情，这是广受欢迎的同伴互助方式。合作能够孕育很多实际和创意想法。在合作过程中，教师能够自由地划分小组、自在地沟通想法、共同探讨教学理念和学生学习状况，为提高教学质量共同努力。在互相沟通想法的过程中，英语教师的教学理念可以得到质的飞跃，还能提升教学技能，从而有利于更好地培养学生。

④互联网互动。随着科技的持续发展，上网学习已成为我们日常学习中不可或缺的一部分。很多学校设立了网络平台，如论坛、沙龙和微博等。这样，既可以避免因时间不统一而带来的集中讨论的不便，节省时间成本，还可以实现超越时空的多维互动研讨，增加交流的频率，促进合作的有效性。英语教师论坛作为一种隐蔽性的群体研讨活动，更多的是私人性的、随意性的，但又是最具真实性的，是经验的汇聚，是一笔珍贵的财富。借助网络平台，英语教师之间达到了合作学习、共同成长的目的。

⑤校校合作。为了更广泛地推动同伴互助，高校可以将学校内部的教师同伴互助范围扩大到区域间的校与校之间教师的同伴互助。英语教师彼此听取课程、交换意见及互相讨论，帮助多个学校的教师实现职业进步。院校间可以通过对接专业来促进合作，这包括省级示范院校与市级院校、重点院校与普通院校之间的对接，或者是同级别的院校之间的合作；还可以通过聘请专家撰写规划、邀请特级教师授课、与杰出教师交流等方式来进行合作，为有培训需求的教师提供专题训练，从而真正提升其教学水平和能力，尤其是提升参与实践校本探究方面的能力和水平。

（3）课题推动

最有价值的课题，来自教学实践中产生的问题。无论是小课题还是大课题，均需要教师认真参与，从课题立项到课题结题，无不需要教师倾注大量心血。它可以说是推动英语教师进修、完善知识结构、提高科研能力、促进专业成长的一个重要推手。尤其是大一点的课题，更有利于团队协作精神的培养。一个英语课题的申报需要做大量的前期准备工作，课题申报工作一旦启动，就要求课题组成员明确分工、相互合作、形成合力，要注重英语教育科研与英语课程的改革相生相长，让英语教师的业务能力在彼此的合作互助中得到提升。

（4）同伴互助听课

通过同伴之间相互听课，教师可以了解各自的教学情况，还可以有效提升英语教师的专业技能。这种横向的同行互助引导听课活动是一个行之有效的教学途径。它重视教师专业改进中的协作部分，鼓励教师依据课堂观察发现问题并展开分析、讨论和沟通，倡导教师在不同教学活动中的交流与协作，包括分享经验、技巧等教学资源。

在同伴互助听课这一过程中，教师互相探讨、借鉴彼此的教学经验，旨在实现最佳的教学效果，推动教师在专业领域的持续完善。所以，在英语教学领域，英语教师之间互相听课对完善英语教师专业化以及提升个体专业水平来说具有重大的价值。

（二）同伴观察学习

1. 同伴观察学习概述

（1）同伴观察学习的内涵

同伴观察学习指的是在学习过程中通过观察同伴的学习行为和表现来获取知识和技能，这种学习方式强调社交性和互动性，人的复杂行为主要源自后天的学习和经验积累。人类的行为不仅受到基因和生理结构的影响，还受到知识和环境的影响。生理结构和后天知识、环境的相互作用，在人的行为方面具有很巧妙的联系，难以将它们割裂开来。行为习得可以通过两个方式来进行。一种方式是利用直观体验获取行为，这被称为直接经验的学习。另外一种方式是通过观察别人的行为来学习，这个过程被称为间接经验的学习。可以这样说，同伴观察学习是第二种行为习得的典型例子。在美国心理学家阿尔伯特·班杜拉（Albert Bandura）的社会学理论中，同伴观察是非常重要的学习方式。它是指学习者通过观察身边的同伴，构建新的学习模式。这种学习模式可以帮助学习者更好地理解和掌握知识。

以往，即使学习者的学习欲望再强烈，也无法独自展现出某种新的行为模式。因此，同伴观察学习模式就应运而生了，学习者可以利用这种模式观察其他人的行为，并从中获得各种信息。它更重视观察者对他人行为的感知和认同。很多复杂的技巧需要谨慎应用，不可以随意应用。在许多情况下，观察者不加思考地尝试或亲身体验都有可能产生不利影响，而且很难顺应发展和进步的趋势。所以，在借鉴他人行为时，应该观察别人的结果，汲取优点、避开缺点，这样才能学习怎样制定适当甚至更加精确的决策。仅在模仿阶段，观察者并不能有效推动学习，真正起到促进学习作用的更多的是超越模仿这一阶段。只有应用他人的有效行为以及鼓励观察者积极思考，让他们从单纯模仿到有选取地模仿，从仅学习到有针对性地完善自己的学习方法，才能让同伴观察学习更有效。

（2）同伴观察学习的过程

同伴观察学习在社会学习理论中被划分为四个步骤：注意过程、保持过程、复制过程（或反应再生过程）、动机过程。换句话说就是，要顺利模仿一个模式，个体应该具备以下三个要素：一是重视、关注和注意这一模式；二是需要保持学到的内容、符号形式不变；三是要想复制该模式，就要具备高超的学习能力。只有达到这些要求，个体才能熟悉同伴观察学习这种模式，否则就无法运用这种模式进行学习。也可以这样说，这四个步骤之间有着紧密的联系，动机过程会使观察者对注意力所集中的对象产生影响。如人们通常会关注那些具备强大、权威特点的行为模式，因为模拟他们比模拟比较劣质的模式更有益，能够带来正面效果。

①注意过程。注意是指观察者用视觉、听觉等感官关注观察对象。这一过程的结果取决于对象和观察者的个性特点，观察者更容易关注那些与自身相同、备

受认可、受欢迎或有影响力的对象；观察者在具有依赖性、自我观念较弱或抑郁的情况下更易模仿对象行为。此外，观察者观察什么对象和理论，可能会受新增的可能性或外向憧憬的影响。

②保持过程。保持是指个体在观察对象后，将所观察的行为以符号形式表征，并储备在记忆中。在此过程中，个体利用了两个表征系统，即表象和言语，来帮助其对行为进行记忆和理解。换言之，就是个体保留他们所感受到的表象，并将其通过语言编码来记忆，为接下来两个阶段的学习奠定基础。

③复制过程。复制是指观察者通过观察所展示的行为，将其模仿、复制到自己的行为中去。观察者要将符号表征转化为适当的行为，这需要满足两个要求：第一，挑选和整理出相应的反应因素；第二，在接收信息反馈的前提下，简化自我反应，且对自我观察进行必要的修正。在复制过程中，自我效能感是一个关键要素，它是指一个人认为自己可以顺利地进行某个行为，从而实现最佳效果。若观察者对自己独立完成一个项目缺乏自信，那么他将无法进入下一个阶段的工作。

④动机过程。动机是指因为观察到某种行为表现而引起的波动。社会学习理论指出，观察者在学习过程中会区分获取和表现这两个不同的方面。观察者并不会对学到的每个行为都进行模仿，因此深化在学习过程中显得十分关键。深化能够让观察者关注对象的行为，从而促使他编码和记忆那些有意义、可模仿的行为。观察者只有经过深化和动机过程，才可以深刻地学习对象的技巧，并将其应用到自己的教学工作中去。

（3）同伴观察学习的意义

同伴观察学习的教学理念从新的视角出发，把行为主义、认知心理学和人本主义联系在一起，以信息整理和深化相联系的理论为基础，对学习的进程和制度进行深入探讨，并明确表达了观察学习的过程。同伴观察学习在实现听课评课方式转变、促进教师协作进步、推动校本的研究进修以及完善教师专业等方面具有十分关键的作用，其价值不可低估。同伴观察学习的意义主要有以下几点。

①为所有高校教师树立榜样。同伴观察学习促进了展示教学、观看教学等教育活动的实施。所以，为了增强观察学习的效果，教育管理部门需进一步有目的性、有针对性地指导教师开展教学任务。为加快课程改革，打造教学行为榜样非常关键，每所学校都应该确立属于自己的教学行为榜样。在教学过程中，我们经常受到不同榜样的影响，这促使我们将各榜样融合在一起，形成一个独特的混合体，他与任意一个榜样都不一样。观察者会从多个榜样的展示中获得启示，从而产生新的、富有创意的行为。观察学习的时候，不同类型的展示会对观察者的学

习产生多种影响，可以引起观察者行为的反应，还能够经过观察学习，获取判断标准、学习认知策略、形成行为模式等。

②改进和完善普通教师的教学方法。对高校教师来说，同伴观察学习是获取教育教学方法的关键途径之一。因此，在教学的过程中，我们能够先对具有出色表现的教师开展专业化的培训，树立起他们的典范形象，让他们成为榜样。在高校中，有一群专业知识渊博、理解和应用理论能力都较强的教师。他们与其他教师地位相同，共同承担教学工作，且与同事的关系很紧密。这些教师也很容易成为同事学习的对象，因为他们的想法和行为都很容易被汲取。可以让一名杰出的校内教师和大约十名其他教师组成观察学习小组，能够依据自身个性的需求自由选择结组。杰出教师能够在规定时间内进行展示，并引导其他小组成员完成工作。在杰出教师的指导下，同一组的教师能够参与备课、上课等活动，以建立学习共同体。在这段时间里，高校要鼓励这些普通教师多观察教学表现优异的教师的授课过程，并将所学的教学技能应用到自己的教学实践中，以达到更好的教学效果。观察杰出教师的实际教学，有利于高校教师更快地改进及完善自身教学方法。

③增强普通教师的自我效能感。自我效能感指的是个人对自己能否在特定行为中获得成功的信念和判断。只有当观察者相信自己能够汲取榜样的经验时，他才更加重视，进而模仿榜样。教师观察学习的关键要素之一就是自我效能感，观察那些与自己能力接近的榜样行为可提高观察者的自我效能感。观察者越能在他人身上看到自己的能力，就越可能增强自我效能感。教师的教学效能感会因为丰富的经验而得到提升。要提升教师教学效能感，就需要在现实教育、教学实践任务中取得成功。这要求杰出教师必须以身作则，协助普通教师正视自己的教学行为，并且能够识别规范和不规范的行为，进而提高自身教学水平。通过观察同行教师，低效能感的教师能够学到更多的教学技巧和措施，进而改善其教学方式，提升教学效能感。

④激发所有级别教师的学习动力。同伴观察学习可以调动普通教师的工作热情，也可以增强杰出教师在工作中的目的性。在同伴观察学习过程中，杰出教师需协助其他教师制定与其相符的教学行为目标，并鼓励其努力实现这些目标，过高或过低的教学目标都无益于普通教师完成教学任务。榜样示范的知识必须与普通教师的实际情况相联系，同时考虑学校改进的实际需求。需要提供多变的榜样示范，这样可以更有效地激发普通教师的学习欲望。这样，他们才可以自主学习，观察、模仿和表达想法，并接受反馈，从而提升教学技能。杰出教师展示自身的

实例，不仅能够提升和巩固自己的教学技能，还能够鼓舞其他教师认真进取，激发他们的自我学习动力。

2. 同伴观察学习的方法和策略

（1）学习榜样的教学精髓

观察学习的进程中，不同的展示方式会产生不一样的效果，语言无法像图像和实践行为一样传达同等数量的信息，并且图像和实践行为的展示方式更容易引起关注，比语言表述更有效。因此，高校应该把工作刻苦、遵章守纪、德才兼备的教师典范确立为其他教师学习的榜样，并通过示范教学、观摩教学以及教学演示等活动，充分发挥榜样的作用，为其他教师开展教学工作起到好的示范作用。同时，教师须把同伴观察引入教学行为，在认真学习榜样教学经验的同时，邀请优秀教师来到课堂上观察自己的教学过程，深入了解学生的听课质量和情感态度，让杰出教师指出自己教学中存在的问题和不足，以此来反思教学行为的有效性，以便发现自我反思与他评之间存在的差异，进而提高教学反思的质量，进一步改进自己的教学。

（2）向多位榜样看齐，学习其成功经验

成功的教学经验可以增强教师的自信心，并使教师客观认识自己的技能。借鉴榜样的教学经验不应该仅限一个领域的专家，还需要借鉴身边同龄人的各种优势和才能，从而融合众人的智慧，形成自己的独特风格。创造性行为的主要渠道是观察学习，如果观察的榜样种类过多，那么观察者作出创造性反应的可能性就会更高。社会中具有很多榜样，对人们来说选择行为模式往往不是很容易的，因为一个单一的榜样或者模式很难满足人们的需求，人们经常学习多个榜样的优点。各种不同的榜样能够激励那些希望借助观察学习而得出创意性成果的人。因此，高校需提供更多的杰出榜样，以及更丰富的信息量，促进同行互相观摩学习。同时，高校也应该为教师的创造性教学行为提供更便利的机会，以促进教学工作的创新改进。

（3）注重去粗取精、去伪存真的科学方法

在同伴观察学习中，除学深、学透身边榜样的教学经验外，还要尽量避免出现以本为本、照本宣科的“拿来主义”现象。由于榜样本身具有多面性、复杂性，而个体又根据自己的思想感情和生活体验来学习榜样的行为，因此学习榜样时教师要避免采取生搬硬套的机械方法，要注重对教学经验的科学分析。在同伴观察学习中，教师必须具备认真的态度、细致的作风，遵循学习的原则，掌握科学的方法。只有这么做，才可以准确评判榜样的准则、语言、道德观念和个性特点等，才可以取其精华，去其糟粕，进而营造积极正向、互相促进的学习氛围，推动教学工作的完善。

3. 同伴观察学习的实施过程

（1）同伴观察学习的计划和准备

同伴观察学习的计划和准备包括以下几方面：确立观察的对象，制定同伴观察学习的步骤和过程，制定同伴观察学习的注意事项等。通常而言，学校需将那些认真工作、恪守纪律、品德高尚、教学突出的教师确定为其他教师的学习榜样，这将为教师营造一个良好的学习气氛。观察对象尽可能多变，因为与不同的人沟通可以更好地促进创新，所以需要给予教师大量的榜样，从而促进教师创新技能的提升。若想成为一名有效的观察者，就需要具备以下素养：对专业事务高度敏感，将提升教学水准当成是观察的首要目的；阅历丰富，善于观察和聆听，并能够给予正确、客观的建议；仔细观察所有环节，全力准备，同时掌握各种教学形式。

学校应该有计划地开展指导和组织活动，以及合理安排教师的小组学习。在学校划分学习小组的过程中，需要对教师的各个方面进行评价，包括认知水准、学习技能和心理素养等。之后，将教学技能比较弱的教师和杰出教师合理匹配，从年龄和能力等方面考虑，确保小组成员的年龄和能力的多样化，以此提升和完善他们的教学技能。

（2）同伴观察学习的实施

同伴观察学习的实施过程是整个同伴观察学习的关键环节和核心。班杜拉以个体的外部行为作为研究的出发点，通过一系列实验对个体的社会学习行为做了大量的研究。在实验中，班杜拉将个体进行分组，通过设定不同的行为标准和奖惩措施，得出了同伴观察学习的结论：过程是复杂的，实际上远远超过了简单的模仿。榜样除了以身作则来示范，还能用言语来表述示范进程，让他人能够理解。“抽象的示范模式”中的思维和行为准则是非常关键的，它们可以被应用到各种不同的行为中。

同伴之间在课堂上互相观察学习是最重要的学习方式。观察课堂是一种查看和探究课堂运行情况的比较专业的活动，其目的是帮助教师提高课堂教学质量以及深化个人发展，并不是对教师进行评估。这是教师工作中不可或缺的一部分，也是教师必须重视的专业学习部分。开展最佳教学探究所必需的要素就是精确的课堂观察。课堂观察可以分成两种方式：定量课堂观察和定性课堂观察。

课堂观察具有三个突出的特点。一是建立课堂观察的概念框架。课堂观察或通常所说的“听评课”，通过学生、教师、课程特性和课堂文化等四个方面来仔细观察课堂，有效地解决了“依据何种标准”来听评课的问题。二是他们创建课堂观察流程并设计评价量表，将定性探究与定量探究联系起来，创建自己的方法、形式，将传统的凭经验听评课转变为专业探究行为，解决了怎样有效进行听评课的难题。三是建立教师专业发展的协作制度，让听评课更加标准、详细，凸显重点，既可以准确地为上课教师提供反馈及帮助其完善教学任务，还可以提高全部听课教师的专业技能。

课堂观察的本质是工作程序。它由三部分组成，分别是课堂观察之前举行的会议、课堂观察过程中的会议及课堂观察结束后的会议。课堂观察开始前进行会议的讨论和规划，接着在课堂中进行察看和探究，再到课堂观察后进行会议的整理和总结，这一系列步骤形成了一个工作程序，该程序以明确问题、归纳信息和处理问题为主要内容。通过课堂观察，教师可以深入了解课堂教学情况，准确掌握教学事件，以及通过数据研究审视自己的教学行为，找到关键点，提出相应的完善措施。

无论选择哪种课堂观察方式，都应该对观察者展开培训，以确保所有人具有统一的观察方式。大部分教师对于课堂观察还不太熟悉，另外观察活动往往由多个观察者一同参与，因为每个观察者对同一事物的观察可能会有所区别，这将影响观察效果，所以应该对观察者开展统一的培训。若进行定量的观察，则应设定量化准则、澄清观点，以保证各观察者具有统一的标准和水平。

（3）同伴观察学习的反思

同伴观察学习强调榜样的作用。观察者正是通过对榜样的模仿来调整自己的行为并不断向榜样靠近的。但是，榜样也有可能会产生负面的影响，而且观察者的这种观察、模仿和学习并不是片面和单向的，而是必须以自我调节为中心，通过接收榜样的信息，经过自我的选择和筛选而不断进行调整的。因此，需要从榜样的作用和个人自我调节的作用两方面，对同伴观察学习进行反思。

一是榜样的作用。榜样对于观察者有重要的指引作用，榜样的行为会影响到观察者的思想和行为，对观察者的生活和学习产生至关重要的影响。因此，同伴观察学习中榜样的选择至关重要，好的榜样可以提升观察者的认知、引领观察者的思想、纠正观察者的行为，但是如果榜样存在反叛的行为就会适得其反。所以对同伴观察学习而言，设立什么样的榜样非常关键。高校需要提供好的榜样，帮助教师学习和发展，同时指导榜样发挥正向的作用，创造再现这些榜样行为的机会。对于好的行为，高校要赞扬；而对于错误的行为，高校则要进行批评制止。

二是个人自我调节的作用。在同伴观察学习中，观察者是通过观察榜样来调整自己的行为举止和提高自己的思想觉悟的，这种观察学习区别于观察者的直接学习和亲自实践，是间接性的学习活动，这种观察常常是默默揣摩和暗中进行的；但是这种观察并不是单向的，虽然榜样在同伴观察学习中起着重要作用，但观察者会根据自身的实际和需要、期盼和渴求，对榜样的行为进行选择性吸收，进而调整自己的学习和行为。班杜拉认为人具有符号表征及自我反应能力，并非仅仅依赖于外部的奖励或惩罚，人能依照自我确立的内部标准和自我激励来调节自己的行为，有一个内在强化的过程[①]。因此，在同伴观察学习中，要注意培养观察者的个人自我调节能力，这种能力不仅是观察者作为独立意识的个体存在的基础，还是同伴观察学习得以进行和保持的保障。可以说，正是有了观察者的自我调节能力，才有了同伴观察学习。

① 耿静. 班杜拉的社会学习理论对教育工作的几点启示［J］. 出国与就业（就业版），2010（2）：81–83.

第四章　高校英语教师专业发展

本章介绍高校英语教师专业发展，主要从四个方面进行了阐述，分别是高校英语教师的专业发展概念、高校英语教师的专业发展要素、高校英语教师专业发展的理论基础、高校英语教师专业发展的实现模式。

第一节　高校英语教师的专业发展概念

高校扩大招生规模不仅增加了高校的学生人数，同时还促进了高校教育的改革和完善。高校的教育改革和完善需要教师作为中心因素，并且扮演重要的角色，教师必须持续提升自身的专业素养来推动教育的进步和发展。

作为高等学府的教育从业者，高校教师担负着三个重要责任，即培育人才、从事科学探究和为社会做贡献。有些人认为，教师的教学工作就是专业发展，所以没有专门对高校教师的专业发展展开探究，这使我国有些高校教师的专业发展仅局限在学术进步上。我国有学者认为，高校教师专业发展是高校教师从事教学、研究及服务工作时，经由独立、合作、正式及非正式等进修、研究活动，引导自我反省与理解，增进教学、研究及服务等专业知识与精神，主要目的在于促进个人自我实现，提升学校学术文化，达成学校教育目标，从而提升整体教育质量。高等学校的主要职能是培养人才、发展科学和为社会服务。因此，高校英语教师的专业发展应着重提升其英语教学技能、科研技能及社会服务能力。

经过探究高校英语教师专业发展的相关内容，可以发现探究已从理论转向实际教学，高校英语教师也逐步成为专业发展的主体。教师不再仅仅是被培训者，而是自己专业发展的掌控者。教师专业成长比较重视实践性，因此“情境性发展”越来越受到欢迎。通过学校的教学活动，教师能够在现实中提升自身技能，并在具体的情境中满足自己专业发展的需求。

高校英语教学改革能否成功，受到高校英语教师专业水平的影响。我国高校英语教师的专业发展又受到多种因素的影响，包括内部因素和外部因素。因此，需要深入研究其本质，以及制定可行的策略，以此推动我国高校英语专业的健康发展和我国高校英语教学的改革与完善。

第二节　高校英语教师的专业发展要素

一、高校英语教师的专业发展意识

尽管所有高校英语教师的专业发展前景大致相同，但个人职业成就的高低不同，主要取决于教师是否有自我专业发展意识，包括是否有自我激励和自我教育的习惯。高校英语教师的专业发展意识对其身心具有较强的约束力。这种意识对教师的个性和行为产生了极大的影响，因此专业发展意识对教师的成长具有非常关键的作用。发展意识越强烈，教师的专业发展空间也就越大。在部分高校中，部分英语教师的专业发展意识不够强烈，少部分教师甚至缺乏持续学习的意愿和动力，这对自身发展和学生进步都产生了负面影响。有的教师平时不热衷于读书；有的教师只读与本学科、课程教学、考试有关的材料，而不读教育名著；有的教师对自己的专业发展抱有被动态度，认为这是由教育主管部门决定的。他们只关注外部教师培训，对自我发展缺乏创新和探索意识，因此影响了高校英语教师的成长速度。

二、高校英语教师的自我效能感

教师自我效能感影响教师选择追求的行动进程、在特定意图中付出多大的努力、在面临障碍和失败时能坚持多长时间、从不幸中恢复的能力、思维方式是自我妨碍式的还是自我帮助式的、在应对高负荷的环境要求时体验到多大程度的应激。高校英语教师的自我效能感决定其自身行为、行为的坚持性、行为的努力程度以及行为的成就，在教师教育行为中发挥着关键作用。① 教师的自我效能感一经形成，将具体影响教师的职业信念以及教育教学行为，甚至影响其身心健康等，并进而影响其自身的发展以及教师专业化的形成。研究表明，自我效能感高的高校英语教师对职业的认同感高且情感投入多，对自身工作态度积极，具有较强的

① 王绯烨．教师领导力视角下我国骨干教师的发展研究［M］．北京：北京交通大学出版社，2018.

自我期望与胜任感，倾向于为自己选择和设定富有挑战性的目标并为之努力，能够取得满意的工作效果和成绩；相反，自我效能感低的高校英语教师通常认为自己所从事的职业没有什么意义和价值，往往将教师职业纯粹地看作谋生的手段，被动地去适应教师职业的要求，在工作中缺乏主动性和创造性。自我效能感高的高校英语教师愿意在教育教学上付出更多的努力，积极主动地适应环境、调控自我，始终相信自己有能力实现目标，寻找解决办法，从而获得成功；自我效能感低的高校英语教师倾向于把困难看得比实际严重，怀疑自己的能力，常常设想失败带来的后果，对困难的承受力低，效能信念不坚定，常常知难而退。

班杜拉认为，个体自身的直接性经验、替代性经验、自身拥有的知识和技能、自尊水平、自信心、意志力、情绪，以及他人的期望与支持、言语劝说、环境等信息源都在传递着一定的效能信息，会影响人的效能水平。[①]

三、高校英语教师的反思能力和自主学习能力

教学反思指的是教师在实际教学中对自己的主体行为和行为准则进行评估思考，通过观察、回忆、诊疗以及自我控制等方式，将教学和学习融合起来，以增强实际教学的效果，从而加快教学进程。在这个过程中，教师既会赞赏和表扬自己，又会修正和反思自己，进而完善自我。总的来说，教学反思是通过探究和应对教学问题，推动实际教学发展，持续提升教师素质和教育教学效果的过程。

教师进行反思时，会对自己在教学过程中采取的方法以及所取得的成果展开深入思考和评估。反思是教师专业发展的中心环节和重要步骤。反思既可以促进教师教学能力、形式、特征和措施等的改善，还可以使他们在观点、理念、情感和品质等方面实现进步。中国著名教育家叶澜教授认为，一个教师写一辈子教案，不一定会成为名师；但如果一个教师能写三年反思，就有可能成为名师。由此可见，教师通过对教学实践的不断追问、思考，能够发现自己的优势和不足，促进自身专业成长。[②] 成为一位杰出教师的重点是具备反思意识、反思能力和反思准则。这说明了为什么有些经验丰富且成功的教师会陷入停滞期，就是因为他们对现实状况感到满意，缺少自我批评和反思。“专业人士”的常见素养之一就是具备反思能力。当前的教师教育研究认为，教师要想在专业上有所提升，就要在成为研究者的基础上，注重自身的反思性进步。反思型教师强调教师对其生活的教学世界进行惯常性的反思。教学世界包括各种错综复杂的内容，以教学世界为反

① 简书社区．班杜拉的自我效能理论［EB/OL］．（2020-03-03）［2023-05-14］．https://www.jianshu.com/p/771b6890d199.

② 徐延宇．高校教师发展实践策略研究［M］．昆明：云南大学出版社，2016.

思对象的反思型教师无疑为教师的成长提供了最为理想的平台。[①]

若教师不能反思自己的专业发展进程，那么他就很难达到自我发展的要求。若教师只是简单地积累经验，而不展开深刻的整理和反思，那么他的专业发展将会受到很大的限制。教师反思在改善自身工作方面发挥着重要的作用。通过反思自己的教学经历，教师可以更深入地了解教学实践，提升自身的教学水平和职业技能。此外，通过反思性教学，教师不仅能够提高对问题的敏感度及教育探究技能，还能够自主处理教育教学实际中的问题，并为自己的策略和行为提供合理的依据。在新时代，教师的专业化发展已是教师追求的目的，而反思性教学是达到这一目的的最佳方式。

美国研究者萧恩（Schon）将“反思性实践”当成准确的术语应用到教育教学中，他还将反思与行动紧密联系起来。“反思性教学”指的是教师根据自己的实践经验，在课堂事件发生后进行深入思考与探究，并凭借自己积累的实践性知识来改进并提升教学效果的教学方式。“实践性知识”指的是教师通过对自身实践进行深入反思以及对教学经验进行总结所获得的知识，这种知识源于教师个体的实践经验和思维方式，并成为教师素质的重要组成部分。他认为，反思是指专业人员在工作过程中能够建构或重新建构遇到的问题，并对此问题做出进一步探究。有反思思维的实践者能够从工作的各种信息中，发现并总结出问题，因为“问题不会像礼物一样主动呈现给实践者，它们必须从复杂、疑惑和不确定性的问题情境中建构出来”，然后再找出解释或解决问题的方法。他提出“行动中反思”和“行动后反思”两个观点。前者指的是行为进行中个人有能力及时发现与之前经验不符、未推测到的问题，并进行反思和重新构建。后者是行为已发生的个人反思，包括对课前准备、教学计划，以及课堂教学过程的全面回顾。萧恩的这些说法，尤其是“反思性实践”的理论，对教师在课堂教学中的反思具有重要指导意义。这一理论为教师处理复杂场景中的难题提供了详细的解决方式，从而将反思及理论实践融合在一起。

影响教师专业发展的各种因素中，教师的专业发展意识和自我效能感是重要的意向性因素。这些因素对教师是否愿意达到专业发展要求具有决定性作用。教师的专业观念和反思能力等因素决定了教师是否能够实现专业发展。教师的专业发展是持续自我监视及跨越自我的进程，它包括个人职业心态的改变、专业视角的拓展以及教育技能的提高。教师自身是教师专业发展的核心，个人自主学习和

① 徐延宇．高校教师发展实践策略研究［M］．昆明：云南大学出版社，2016.

进步是教师专业发展的重要原因。通过自主学习，教师能够促进专业不断进步，体现个人的生命内涵和职业本质。因而，掌握自主学习能力是教师专业发展不可或缺的环节。对此需达成以下几方面的内容。

①构建自我专业认同。为了培育高校英语教师的专业观念，首先需要构建自我专业认同。教师的专业发展必须有对自身职业的认知及对本职业专业意义的认同，这是构成专业发展意识的必备条件，同时也是教师专业观念的核心体现。高校英语教师要想构建自我专业认同，必须明确自己的定位，熟悉自身所在专业领域的现状和要求，同时持续学习，提高自己的专业水平，并为自己的职业做出贡献。

②养成自我专业发展意识。教师的自我专业发展意识可从时间维度分成三点：一是对以往专业发展历程的认识；二是对当今专业发展现状、水准和环节的认知；三是对以后专业发展改善的意识。所以，高校英语教师需认识到自己在英语教育教学中的职责和使命，对自己的专业发展担责，反思以往和当今的表现，并计划以后的发展进度和发展目标，以及采取具体行动，力争做专业发展的主导者。

③培养反思习惯。高校英语教师应当习惯性地进行自我反思，将其视为一种自我意识和行为习惯。高校英语教师还需要积极地推进、反思和辨别实际教育进程，以提升自身的教育掌控和处理技能，确保教学活动高质高效完成；需要培养敏锐的问题感知能力和自我反思习惯，随时评估自己的教育理念和行为是否恰当；需要持续关注学生的学习和进步，不断完善教学形式和拓展教学途径，灵活把握教育教学中的机遇，及时改变教学措施以满足学生的需求。

第三节　高校英语教师专业发展的理论基础

一、心理发展理论

从心理发展理论角度来看，教师显然是成年的学习者，其认知与学习的原理是建立在皮亚杰的认知发展理论、美国哈佛大学心理学家佩里（Perry）的认知发展理论等基础之上的。这些理论都将心理结构的改变与发展作为研究的核心，认为人的心理结构往往会随着年龄的改变而发生变化，这一过程存在着一定的层次与顺序。

大量研究都证明这样一个事实，即教师自身的心理发展情况和其专业素质与能力具有十分密切的关系，教师的心理发展程度不同，在专业素质与能力方面的表现自然也就不同。也就是说，通过一定的教育与培养提高教师的心理素质，对于教师的专业能力发展而言是大有裨益的。

心理发展理论主要是从心理学的维度对教师的专业素质发展及能力拓展展开理论层面的研究，探讨教师心理发展水平与其专业素质及能力之间的各种复杂关系。这种理论研究摆脱了教师教育发展过程中所受到的生理年龄因素的制约与束缚。如此一来，所获取的理论将有助于不同年龄阶段的教师达到同等的业务发展水平，当然这一目标实现的前提是这些教师具有大致相同的心理发展水平。

二、职业周期理论

职业周期理论探讨了教师职业生涯的发展和变化，将其比作人自然老去的过程。虽然此探究不是单一地用人的生命阶段来表述教师的职业进展，但是它仍然以人的生命阶段为准则进行区分，因此此探究最后的结果是对教师职业发展进程展开论述，且与人的生命阶段密切相关。

（一）职业周期理论的特征

虽然不同的教师专业发展理论存在差异，但它们都可以全面地描述教师职业发展进程，并将教师的进步看成持续的进程。此外，这些理论突出了教师在各发展时期所拥有的专业发展水平、应达到的专业发展要求、应具备的专业发展心态和观点等。教师职业周期理论的特点包括以下几方面。

1. 自主性

自主性是教师专业素质与能力发展的基础，这一特性要求教师在开展教学工作的过程中充分发挥自身的主观能动性，将外在的各种影响因素转变为自身发展的动力。自主性还要求教师具备充分的自我专业发展意识，只有具备这种意识，教师专业发展才会取得令人瞩目的成效。这种意识可有效增强教师在工作过程中的责任心，促使教师积极寻找发展自我的途径与机会，进而提升自身的专业发展能力。

需要明确的一点是，教师专业发展的自主性特点需要受到各种具体制度的约束，也就是在一定的范围内进行对自我的控制、引导，而不是那种毫无节制的发展。

2. 多面性

每一个发展时期都有许多内容需要教师深入理解和掌握，因此教师的专业发展需要不断进步。教师专业发展的时期不同，教师的教育疑问和要求也不同，培养和培训的知识和渠道也需做出相应的调整。教师素质的提升应依据教师专业发展的各时期所面对的疑问和需求来开展。因而，高等学府需从仅仅注重教师职前培训转变为关注教师教育整体的培训方式，以推动师范生和在职教师的专业成长，进一步提升教师的专业素养和熟练度。

3. 阶段性

教师的专业发展呈现出明显的阶段性特征。从教师步入这一行业开始，一直到他成长为一名优秀的教师、教育专家，需要经历不同的发展过程，有的学者将这一过程分为如下三个时期。

①师范生到入门教师时期。

②入门教师到合格教师时期。

③合格教师到优秀教师时期。

上述三个时期又可以表述为三个连续的阶段，具体如下。

①职前专业化阶段。

②入门专业化阶段。

③在职专业化阶段。

可见，只有将上述各个时期、阶段看作连续不断的发展过程，确保教师可以在前一个阶段的基础上顺利步入下一个阶段，也就是前一个阶段为下一个阶段做好铺垫，教师的专业素质与能力才能逐步得到提升与发展。

4. 终身性

教师专业成长的潜力是非常大的。教师必须经过一个从不成熟到比较成熟的专业人士的发展进程。教师的专业发展是一个涉及个人职业生涯及社会化的长期进程。教育教师的任务并不局限在职前的师范院校，这仅仅是教师专业发展的基础阶段，教师教育的范围应延展到教师职业的所有环节。

5. 特殊性

这里的特殊性主要是指教师专业发展所处环境的特殊性。教师职业理念实现的主要场所是学校，学校不仅是教师自身能力发展的领地，而且也是学生获取知识的场所。因此，教师自身的专业发展应该与学校的环境保持一个同步变化的状态。教师的专业发展是一个长期、缓慢的过程，其中教师的知识积累主要就是通过教学这一活动实现的。

在教学变革的背景下，教师通过教学实践逐渐提升自身的专业技能，以稳固自己在实际教学方面的地位。就是说，教师专业成长的空间受限于所在学校的空间，因此教师素质的提升会受到学校空间的显著影响。学校既是学生成长的摇篮，还是促进教师专业发展的场所。除了帮助学生汲取知识外，学校教育还推动了教师专业素质和技能的提升。

（二）职业周期理论指导下教师专业发展过程的两个阶段

教师专业发展的过程可以分为两个阶段：组织发展阶段和专业发展阶段。

1. 组织发展阶段

为了提高教师的整体素质及教学工作的专业化水平，教师专业发展最初采用了群体专业化的措施。其中包括两个不同的方向：一是工会主义取向，目的是提高整个教师专业的社会地位；二是重视教师在入职时必须具备高度的专业素质。在教师专业化的进程中，不管是何种专业方向，教师专业组织都扮演着不可或缺的角色。因此，教师群体的专业化阶段被称为组织发展阶段。

2. 专业发展阶段

由于后来工会主义失去了支持力量，而专业主义又未能产生足够的效益，因此教育工作从事者渐渐对教师专业发展的过程展开反思。

1980 年的《世界教育年鉴》凸显了教育工作者专业成长战略的变革。教育从业者用术语“专业发展”来描述关注教师专业技能提升的进程。随着教师专业化的发展，探究关键点已从强调整个教师群体的被动专业化转变为强调教师个人的主动专业发展，因此会持续关注教师个人的自我能动性。

三、“自我更新”理论

（一）“自我更新”标准及其体系

教师的心理与社会进步、专业发展相互影响，并与其所处环境息息相关，因此教师的专业发展经历不断变化。为了全面考虑教师专业发展过程中的特点，需要从教师心理、社会化水平以及周边空间等各个方面探究。在这个过程中，教师的专业活动及其对自我专业发展的意识水平可以呈现出综合特性。然而，现有的多种教师专业发展体系还没有包括这个体系。

越来越多的人认为评估教师专业水平的综合准则之一是考查教师是否具备自我专业发展的意识，这可以更全面、详细、实用地反映教师的发展情况。显而易见，教师的自我专业发展意识对于专业发展十分关键。那些具备高度自我专业发展意识的教师更关注个人职业成长，并以积极的态度对待自己的工作。这类教师通常更易实践“自我更新”观念。

“自我更新”指的是教师具备自我专业发展意识和动力，能踊跃承担职业任务，经过自我反思鼓励自己，并利用调整专业规划、改变专业重点等手段不断进行自我进步和更新。以下三种方式可以用来解释“自我更新”教师的专业发展。

第一，这是一个研究体系，它以个人的专业发展意识为基准，来考查教师专业发展的进程。它以教师自我专业发展的意识提升为主线，注重研究教师内在专业构造的调整和准则的完善，这是评价的中心。

第二，“自我更新”往往被认为是教师自我专业发展的一种现实化过程。在自我更新理论的指导下，教师的自我专业发展意识比较强烈，他们会时刻关注教师的最新发展动态，将一些新的教学发展理论与自身的具体现状相结合，依据自己的发展规划以及当前的发展轨迹来实施计划。在具体的实施过程中，这些教师可以监控与调整自我专业发展意识，自觉利用、创造有利的机会与条件来争取发展。

第三，“自我更新”的教师专业发展方向可以被视作一种全新的教师专业发展趋势。与传统教师教育不同，这种教育方法重视教师应该做自我专业发展的主人、掌控者。教师需要自行地挖掘专业生活中的优秀表现，持续完善自己的内在专业能力结构。

（二）“自我更新”取向的教师专业发展阶段理论

“自我更新”理论主要指“自我更新”取向的教师专业发展阶段理论，该理论相对于以往教师专业发展理论的认识和分析，除强调自我专业发展意识在专业发展中的重要意义，以及在教师专业发展核心——专业发展阶段划分标准和研究体系上发生的变化之外，在立足点和立场等方面也有着新的变化。可以说，这是更接近教师专业发展实际而具有普遍性特质的理论，具有很强的实践指导意义。

1.“自我更新”取向的教师专业发展阶段理论的重要内容

该理论认为教师专业发展主要包括以下五个阶段。

①“非关注”阶段。这是进入正式教师教育之前的阶段。

②“虚拟关注”阶段。这一般是职前接受教师教育阶段，包括实习期。

③“生存关注”阶段。这是教师专业发展的一个关键阶段，新教师就处于这一阶段，这一阶段突出“骤变与适应”。

④“任务关注”阶段。这一阶段，教师开始尝试变更教学方式方法，开始着重发展专业知识和教学知识，决心为教学工作做出贡献。

⑤“自我更新关注”阶段。该阶段教师开始拓展个人的实践知识，并开始对自身的专业发展进行反思。

2.“自我更新”取向的教师专业发展阶段理论的价值

“自我更新”取向的教师专业发展阶段理论既是加速教师专业发展的认知前提，又具备启示教师自身专业发展的关键价值，是教师教育的助推器。只有那些能够积极更新自己的专业知识、拥有强烈的自我专业发展意识的教师，才会更加重视自己的专业发展，并注重“自我更新”取向的教师专业发展阶段理论，主动地应用此理论来指导自己的专业成长。教师专业发展中，教师被鼓励采用“自我更新”的思路去发展，并在实践中探索阶段理论对专业发展的影响。“自我更新”取向的教师专业发展阶段理论对教师个人发展的重要性体现在以下几个方面。

第一，该理论能够帮助教师进行自我思考和审视，从而使教师深刻掌握自己的发展情况。教师通过对自己的学习展开思考和理解，来提高自我意识和认知水平。通常情况下，学习者的学习效率可能会受到其学习态度和理念的影响，而且学习的最终效果往往与学习者具体的学习过程、理解程度有很大的关系。作为学习者，教师能充分了解自己的教学进程会对其专业发展发挥积极的作用。那些非常注重个人成长并自我激励的教师，通常会更加自觉地深入探究教师专业发展阶段的理论知识。经过学习和借鉴有关的理论，他们能够更好地稳固和提升自己的专业发展意识和技能。

第二，熟悉教师专业发展的五个阶段后，教师能够以此为依据，设计个人的专业发展规划。教师专业发展阶段的理论知识为评估教师的专业发展提供了参考。受过职前师范教育的师范生，一旦获得教师专业发展的相关信息，便能够迅速决定自己的职业方向。若选择成为教师，他们会对其所从事的专业投入更多热情。

第三，该理论描述教师专业发展的各个阶段，使教师可以自发地形成一种团体意识，大大减轻他们心理上经常出现的孤独感。例如，任教第一年，教师在设计教学案例、组织教学活动、管理课堂等的过程中往往会遇到各种各样的困难，而当他们了解这是任何一名新教师都会遇到的状况时，他们在心理上就会感到相对放松，进而通过与同伴交流、学习他人的教学经验等方式改变自己的教学状况，有效提升自己的教学技能，从而克服自己在教学过程中所遇到的困难。

第四，有了教师专业发展阶段理论知识之后，教师还可以预计到自己的变化。菲尔德（Field）就曾把教师专业发展阶段看作一种谱系，依照此谱系，教师就可以确认自己现在所在的发展位置，并可以设定自己将往何处发展。著名教育心理学家格雷戈克（Gregorc）则更进一步地用教师专业发展阶段来设定教师专业发展的目标。对于初任教师来说，他们在了解教师专业发展的详细信息后，就会对教师专业发展过程和教学工作的方方面面采取更为现实的态度，进而降低初任教师的不平衡程度。

第五，教师专业发展阶段的理论不仅使教师更清楚地知道在目前发展水平下自己应当怎么做，而且使教师知道为了将来的进一步发展自己又应当怎么做。

3. 由断续走向持续的专业发展理论

“自我更新”取向的教师专业发展阶段理论的提出，与我们认识到教师专业发展的复杂性有关。影响教师专业发展的因素非常广泛，既有正式因素，也有非正式因素，从时间上甚至可以追溯至中小学时期的学习经历。师范生在进入师范学校时，头脑中并非一片空白，他们对教学和学习、教师和学生等已经形成自己的观念；传统的“知识传授＋学习＋个人综合运用知识”的教师教育模式所隐含的学到知识等于专业发展，以及个人能够在初任教师阶段自行将所学知识恰当地运用于课堂教学实际场景的假设难以成立，短期的教师教育的效果十分有限。从教师工作的性质来看，传统的教师教育也存在不足。教师在学校的教学工作十分繁杂，有短暂、不确定、快速变换等特点，这要求教师有高度多样化的认识、情感和能力。而这样多方面的要求，难以具体地一一罗列出来，也难以体现在教师的课程之中，即在职前教师教育以后，教师所达到的专业发展水平与所要求的水平之间仍有一定差距。所以，在教师的专业发展过程中，教师继续保持连续的专业发展，显得尤为必要。而“自我更新”取向的教师专业发展阶段理论不仅使教师从被动学习者的身份转变为主动学习者的身份，而且也从局限于特定时空的不连贯的缺乏内在逻辑与发展关联的教师教育转变为不受时空限制的持续的教师专业发展教育。

四、社会化理论

相关学者从社会化理论角度入手，对教师的发展情况进行研究。教师是社会中的一名成员，在从普通人转变为专业教师的过程中，必然会针对自己的能力、需求、意向等与学校机构进行交涉，而这些行为就是教师作为个体所实行的一种社会化的表现。具体而言，教师专业社会化即社会个体作为一名专业的教学成员，通过自己的不懈努力逐渐在教学过程中承担相应的职责，实现角色的成熟，进而实现较高的专业地位的一种渐变过程。从时间层面来看，教师专业社会化不是瞬间完成的，而是贯串教师职业生涯的全部过程。

教师专业社会化是教师发展的未来趋势，所以研究未来教师需要具备的素质以促进教师的专业发展就显得非常必要。未来社会充满着竞争与变化，这对教师的素质提出了更高的要求。从普遍意义上来讲，未来的教师应注重培养以下素质：高尚的职业道德、先进的教育理念、合理的知识结构、全面的教育教学能力、健康的身体和心理等。[①]

如今，教师专业社会化发展备受关注，教师专业社会化发展在不同动力推动下所呈现的状况也有所不同。政府推动下的教师专业社会化发展，主要是为了提升教育教学质量。教育研究人员推动下的教师专业社会化发展，主要是为高校和专门的教师进修机构的人员提供专业发展的指导，注重理论与方法的构建。教师推动下的教师专业社会化发展，目的主要是增加教师权利、提升教师社会地位、促使其获取专业自主权。

总之，推进教师专业社会化发展是一项十分复杂的工程，教师专业社会化发展应立足于教师和学校的发展，对校内外资源进行合理的开发与利用，充分发挥政府、教育研究人员、学校和教师的作用。

第四节　高校英语教师专业发展的实现模式

一、发展提高模式

（一）教学实践模式

教学实践模式的含义是强调将教师的发展定位于课堂这一教师日常的教学实境中，把教师的发展与课堂实践进一步紧密结合。因此，高校英语教师在这一模式中应把教师的发展聚焦在课堂中，注重课堂中自身的作用及与学生的合作，把课堂实践作为自己发展的关键推动力。其独特之处不仅在于强调课堂中师生双方学习的提高，并且强调各自在课堂中所形成的实践、个人和社会的意义。

这一模式在实施中所遵循的基本观点包括以下四点。

① 魏会廷．教师学习共同体：促进教师专业发展的新途径［M］．武汉：武汉大学出版社，2014.

一是以学生和教师双方的共同提高为中心。英语教师和学生一样都是学习者，促进学生学习的过程也是英语教师自身发展的过程。

二是支持真正具有影响力和决定权的角色。任何外在因素都无法削弱英语教师在课堂中的重要性，只有他们才能对课堂活动产生直接影响，对提高学生学业表现具有最终的决定权。

三是以复杂多变的课堂教学作为发展场景。在对话式的教育情境中，课堂成为英语教师与学生共同构建的文化场所，英语教师与学生在课堂中获得沟通与理解。

四是强调个人、教育和社会三方面的结合。通过课堂这一微缩社会，英语教师形成更为开阔的思路，把从课堂场景中获得的意义与整个社会的价值观联系起来。

在具体实施这一模式时，有三点需加以强调。第一，应突出课堂教学对英语教师发展的重要性。英语教师个体应立足于英语课堂教学，把自身的发展根植于课堂实境，从中反思自己的教学实践、教学行为及教学效果。第二，注意以课堂为纽带形成协作的英语教师共同体。分开教学的英语教师并不意味着教学中的英语教师是孤军奋战的，英语教师相互间协助所形成的学习共同体也是英语教师专业发展的关键。第三，注意课堂中学生协助的有效性。教师不是“舞台”中的唯一主角，教学是教师与学生运用想象力来从事创造和分享的过程。在课堂中，英语教师帮助学生成长，并且在与学生进行思想、情感的交换和分享的过程中，吸收诸多独特新颖的东西，推动自身的发展。

专业化的英语教师应该充分关注情境体验，要重视知识背后深层的情境性，将所要传递的知识融入特定情境之中，以便自身更好地学习、成长。传统学习观忽视学习的情境性，教师的学习也不例外。建构主义主张教师在专业发展的过程中，要将抽象的知识具体化、形象化，把学习的知识放在具体的情境中去体会、品味和理解。一方面，在课堂教学过程中，英语教师要充分认识到课堂情境的特殊性，将自身融入其中，在教学实践中进行学习，进而提升自己；另一方面，英语教师还应该注意把学习过程与自身特定的生活情境结合起来，进行有针对性的学习，同时英语教师在专业发展过程中，还要注重培养自身运用知识的能力。专业化的英语教师应该是一名出色的实践者，因为学习知识的目的就是将其运用并发挥作用。知识的运用涉及与外界联系，英语教师要深刻地体会知识与特定情境的关系，在现实的情境中运用知识，以便更好地发挥知识的社会作用，进而实现教师的人生价值。英语教师应该将情境体验作为英语教师专业发展的重要观念，应该将其深入英语教师专业发展的整个过程之中，以促进自身素质的进一步提高。

（二）专业引领模式

在学习化的社会里，人人需要终身学习。教师为了提高自己的专业素养，往往会向周围的同事、学生甚至家长学习，向书本、实践学习；但是一般情况下，校内同层级教师的横向支援，明显缺少了纵向的引领，尤其是在当今我国课程发展大变动的时期，先进的理念如果没有以课程内容为载体的具体指引与对话，没有研究者与骨干教师等高层次人员的协助与带领，同事之间的横向互助常常会将教师自己囿于同水平反复。专业引领人员可以是教育研究的专家和行家，既包括教育科研人员、教研人员等专业研究人员，还包括资深的专家型教师，如特级教师、学科带头人等具有教育研究专长的人员。高校英语教师必须向专业人士和成功人士学习，不断接受先进理论、技术、方法和经验的专业引领。各级教研部门、教师进修学院和教育科研机构专业研究人员应与高校英语教师共同研究，建立起平等交流、共同成长、互补互益的伙伴关系，人人平等，能者为师。

1. 专业引领的基本要求

①对英语教师的专业引领要目标明确、内容正确、方法适当。教师不断接受新知识、增强专业能力，使个体在专业素质方面不断成长和追求成熟。但不同发展阶段、不同层次的英语教师的专业发展方向和水平是有差别的。因此，在引领英语教师专业发展的过程中，目标定位要切合教师的实际情况，引领内容要有一定的针对性，要有利于提高英语教师的实际工作能力和水平，引导方法要灵活多样、讲究实效。

②科研专家对英语教师的引领主要是教育教学科学理论的引领，教研人员对英语教师的引领主要是把教育教学理论与教育教学实践结合在一起的引领，一线骨干教师对英语教师的引领主要是具体实践操作的引领。引领人员必须具有较高的素质水平和引领能力。教研人员和一线骨干教师既要有理论上的指导，又要有实际的教育教学示范；既要参与到英语教师学习、研讨的过程之中，又要对英语教师具体的教育教学实践进行评析，还要采取切实有效的方法措施，善于指导他们开展教育教学实践活动。引领人员一方面必须具备丰富的教育科学理论知识和实践经验，另一方面要对引领工作有高昂的工作积极性，要乐于从事引领工作，这样才能保证引领工作的顺利和有效。在专业引领过程中，作为接受引领的英语教师，要有积极上进的心态，要确立“学习”和“发展”的思想，在接受引领的

过程中充分发挥自己的主观能动性，积极配合，向引领人员虚心学习、认真求教，要深入钻研、努力实践。只有这样，英语教师才能使自己的教育教学水平得到提高，促进自己的专业获得更好更快的发展。

③对英语教师的专业引领要到位而不越位。引领人员对英语教师无论是教育科学理论的引领，还是教育教学实践的引领，都要努力做到到位而不越位。“到位”就是给英语教师提供必要的帮助；“不越位”就是引领人员对英语教师不能越俎代庖。在专业引领过程中，英语教师是发展的真正主体，专业引领人员无论怎么引领或指导，都不能也不应该代替教师的独立思考和实践活动。引领的最终目的是不引领，因此专业引领人员要立足于提高英语教师的教育教学理论水平和独立的教育教学实践能力来引领，要通过到位而不越位的引领，使之能够真正获得良好的专业发展。

2. 专业引领的操作方法

（1）阐释教育教学理念

不同的教育教学理念，决定英语教师在教育教学中产生不同的行为方式。在英语教师专业发展过程中，掌握并形成新的教育教学理念是英语教师获得专业发展的首要任务。为了完成这一任务，引领人员可采用讲座、学术专题报告、专题理论研讨、教学问题诊断、案例评析、教学专题座谈咨询和引导自学等形式，让英语教师全面掌握新的教育教学理论。在当前新课程改革背景下，教育教学理念的引领主要包括教材内容的理解分析、课程教材教法的分析辅导、课程标准与学科课堂教学问题的评析等。

（2）共拟教育教学方案

在英语教师的专业发展过程中，当教师掌握了教育教学思想并形成了新的教育教学理念时，引领人员要与英语教师就某种教育教学内容或现象展开探讨，引领他们拟订教育教学方案。在共同拟订教育教学方案的过程中，引领人员要引导英语教师在科学的教育教学理论的指导下，逐步形成具有自身特点和风格的教育教学设计，并使教师学会独立拟订教育教学方案。共同拟订的教育教学方案，既要符合教育教学科学理论的要求，又要有利于教育教学的具体实施。

（3）指导教育教学实践尝试

在教育教学方案拟订之后，引领人员要引领英语教师将共同拟订的教育教学方案直接用于教育教学实践之中，让教师在教学实践中尝试实施教学方案，验证教学方案的可行性和有效性。在此过程中，引领人员要深入课堂，关注、考察和记录执教教师的教学行为，并将其课堂教学行为与拟订的教学方案进行比较，找出两者之间的差距；在英语教师尝试教学之后，引领人员要与他们一起讨论进一步修订方案，改进和优化教学方法和教学行为。

（4）引导反思教育教学行为

就教学来说，在英语教师使用拟订的教学方案进行教学实践尝试之后，引领人员要安排和组织教师对教学尝试情况进行反思和评议。引领人员和执教教师首先要对自己的教学设计和行为进行自我反思，说明设计思路，找出教学预拟方案与教学行为的不和谐之处，分析原因，寻找解决方案；同时，引领人员要让其他参与教学实践活动的英语教师对教学设计和执教教师的教学行为充分发表自己的看法和意见，指出其优点和不足，提出修改建议。在此基础上，引领人员要进一步引导执教教师总结大家的意见，并将教学尝试行为的反思意见落实到新的教学行为之中，改变原来课堂教学中的不足，把“思”转化为“行”，如此反复几次，直至创设出充满活力的课堂教学环境。

专业引领是一种专家资源的开发和利用，是教师专业化发展的最佳途径之一，也是高校教育科研持续发展的重要条件和保障。专业引领的实质，是理论、经验对实践的指导，是理论、经验与实践的对话，是理论、经验与实践关系的重建。英语教师得到专家的引领，可以更好地将理论内化，以指导自己的实践，减少行动的盲目性，提高实践的有效性，也可以将自己的具体经验提升到富有理性的操作层次。专业引领人员利用先进的思想、理念、经验、方法，引导和带动英语教师开展教育实践探索和研究，能促进英语教师专业发展，使教师获得专业化的提升，还可以有效地提高英语教师研究的水平，促进高校教育改革和教育内涵的发展。

（三）自导式学习模式

建构主义主张知识的加工方式是个体主动建构的，强调个体在学习的过程中应该具有积极性、自主性，提倡自导式学习，个体只有有意识地促进自我成长，才能使自身得以完善。教师专业发展是教师自身不断发展与成熟的一个过程，教师需要充分认识到自身发展的重要性，因为独立的自我意识和自我控制能力的形成能把个体对自身发展的影响提高到自觉的水平。高校英语教师要有意识地进行学习，养成自觉的学习习惯，增强学习的自主性，从而促进自身更好地发展。同时，英语教师在学习与工作过程中，也要时刻关注自身已有的经验，不要脱离已有的经验发展自己，要把“旧知识”与“新知识”结合起来，用发展的眼光更新已有的知识，形成自身独特的知识结构。在英语教师教育的各个阶段（职前培养、入门适应和在职培训），教师教育机构不仅要注重传授给师范生和教师必备的专业知识和教学技能，更要有意识地培养师范生和英语教师的自我学习能力，激发他们的学习热情，促使他们养成自导式学习的习惯。一方面，准英语教师和英语教师具有了自我学习能力，在离开了师范学习生活和教师培训之后，依然能够通过自身的勤奋不断地成长；另一方面，具备自我学习能力的英语教师在实际教学过程中，可以更好地将这种学习方法传授给学生，让学生体会到这种学习方法的乐趣，促使学生养成自觉学习的好习惯，从而促进学生持续地发展，进而达到教学的最佳效果。因此，英语教师在实践过程中，要充分调动自身学习的积极性，广泛涉猎专业知识，刻苦锻炼专业技能，提升专业水平，以便更好地进行教育教学工作。

二、教育行动研究模式

教育行动研究是一种新型的教育思想和方法论，其核心是将研究和实践相结合，旨在通过实践中的反思和研究来改进教学，并促进教师的专业发展和成长。教育行动研究要求教师的观念从“传统研究意义上的用‘研究’成果指导教育教学‘行动’”向“‘研究’和‘行动’相互依存、相互作用、推动发展”转变。教师需要不断反思和调整自己的教学行为，通过研究来指导和改进自己的教学实践，并将实践中的问题和挑战作为研究的对象，从而形成一个良性的循环。

美国社会工作者约翰·柯立尔（John Collier）和美国著名社会心理学家勒温（Lewin）等人在对传统社会科学研究进行反思时，提出“行动研究”这一概念。20 世纪 50 年代，行动研究开始在美国流行起来，但是由于行动研究理论背景及实践的复杂性，对它的内涵，学者的看法不尽一致，最广为接受的是澳大利亚学者凯米斯（Kemmis）和迈克·塔基（Mc Taggart）的定义：作为自我反思的一种方式，社会工作者和教育工作者通过以这种方式为基础的活动来提高对社会和教育实践的认识与理解，进而形成对所从事行业的正确评价。从这个定义中，我们可以很清楚地看出，教育行动研究将“行动”与“研究”相结合，针对实际问题展开具体研究，促进实践向纵深发展。事实上，教育行动研究正是在行动研究的应用基础上产生的。我国有学者认为，教育中的行动研究是教师在学校情境中对其改进教学的系列活动结果的研究；是一种以参与和合作为特征、以教师为研究者、以实践情境为研究场所的研究形式；是实践者为改进实践而采用的一种系统性的自我反省和科学的探究活动；是一种旨在提高教育教学行动质量，以改进实际教学质量为“首要目标”的研究。显然，这种模式具有以下特征：①其研究具有参与者驱动以及自我反思的特征；②其活动具有合作性的特征；③其结果不仅有助于知识的掌握，也有助于实践行为的改良；④其表现具有语境性的特征。

国内学者易小玲、彭金定等基于自身的教育实践，总结出以下几种具有很强操作性的行动研究方式：写教学日志、录音录像、课堂观摩、问卷调查、案例分析。[①] 常见的行动研究方式还包括教学档案袋、教学报告等。英语教师可以利用以下常见的行动研究方式，促进其研究步骤的科学落实，优化其研究设计，进而促使其取得更好的研究成果。

（一）写教学日志

教学日志旨在帮助教师反思和改进自己的教学实践。教学日志可以记录教学中可见可闻的现象和过程，如教师遇到问题时采取的解决方法、收到的建议和意见、尝试新的教学方法的结果、活动的顺利或不顺利程度、教师的情绪体验等。此外，教学日志还可以包括教师的短期计划和备忘录，如下一堂课的准备工作和目标设定。教学日志还可以记录课堂突发事件的原因和应对办法，以及使用的工具和手段。通过记录和回顾教学细节和体验，教师能够更好地理解自己的教学方式和效果，发现问题并采取相应的改进措施。同时，它也是一种交流和分享的工具，如教研组的教师可以一起记录教学日志，分享彼此的经验和想法。教学日志是英语教师记录当天教学过程与感受的一种方式。它可以帮助教师及时记录教学中的重要事件和互动情况，真实反映教学过程中教师与学生之间的交流和互动情况。通过教学日志，英语教师可以全面地记录教学实践的细节，包括教学目标的达成情况、教学方法的使用效果、学生的参与程度等，为今后的教学改进和自我反思提供有力的支持。教学日志也可以作为教师教学工作的一部分，为教师的评价和发展提供来源可靠的材料。因此，教师应该充分利用教学日志，将其视为提高教学能力和增强教学效果的有效工具。

（二）录音录像

录音录像是一种有力工具，可以准确记录课堂实践过程，并提供多角度的研究和反思的机会。对英语教师来说，掌握一定的语言转录方法可以帮助他们对录音或录像进行深入研究。通过完整地记录教学的全过程，英语教师能够发现自己的隐性行为，即平时可能察觉不到的教学行为。通过反复播放录音或录像，英语

① 易小玲，彭金定. 教育行动研究与在职外语教师的专业发展［J］. 湖南人文科技学院学报，2006（4）：104–106.

教师可以进行理性、客观的反思，分析隐性行为的形成原因，并寻找合理的解决办法。这可以帮助英语教师提升教学效果，加速个人的成长过程。录音录像的使用还可以促进教学研究的发展。通过对教学实践进行详细的观察和分析，英语教师可以产生新的思考，从而提出问题并寻找解决方案。这种研究性的反思有助于英语教师深入理解自己的教学方式，从而不断改进和提升教学效果。

（三）课堂观摩

课堂观摩是一种通过第三者的角度对课堂实践进行观察和记录的方法。通过不同的观摩者角度，英语教师可以获得不同的观察结果，从而对课堂教学进行多角度、全面的分析和评价。观摩者可以在观察过程中，通过记录教学中的优点和不足，在课后及时给予英语教师反馈。这样英语教师可以更清楚地认识到自己在教学中的优缺点，发现问题并提出改进措施和解决方案。通过课堂观摩，观摩者也可以从他人的教学实践中学习，发现新的教学策略并加以应用，从而改进自己的教学措施和方法。课堂观摩促使英语教师不断进行专业研究，并能不断反思和调整自己的教学方法和方式，更适当地应用新的教学策略，从而提升自己的教学技能和效果。

（四）问卷调查

问卷调查是教师主动参与自我观察和自我评价的方式。通过问卷调查，英语教师可以向学生征求意见和建议，了解学生对教学内容、教学方法、学习环境等方面的看法，从而发现教学中可能存在的问题，并进行改进。问卷调查通常采用不记名的方式，这样可以保护学生的隐私，让学生更加自由、真实地表达和反馈自己对课堂实践的感受和意见，并且不需要担心个人信息泄露或有心理压力。问卷调查这种沟通方式可以增进师生之间的理解和信任，促进师生之间的良好互动。

（五）教学档案袋

教学档案袋涵盖的内容板块有教学、学习、研究、反思、评价等。其中，教学板块是教学档案袋内容的主体，它涉及教学内容、方法、策略、班级环境、教学准备和组织、学生评价及其他相关的学校组织环境。反思内容是档案袋制作和展示教育发展功能的核心。通过反思，教师可以深入思考自己在实践中所获得的经验、智慧和成长，并将其记录在档案袋中。档案袋中可以记录教师进行学习和研究的相关成果，有助于展示教师的专业素养和持续学习的精神。通过档案袋评价功能的整合，教师可以全面地反思自己的教学实践，并为未来的教育工作制订更有效的策略和计划。教学档案袋作为一种有结构的反思工具和信息展现方式，具有突出优势。首先，教学档案袋的目的明确。教学档案袋的主要目的在于帮助教师全面地反思和审视自己的教学实践，促进教学发展和教师专业素养的提升。教学档案袋通过清晰明确的目的，帮助教师规划、评价和调整教学和个人成长的目标。其次，教学档案袋的内容丰富。教学档案袋需要包括教师的教学理念、教学计划、课堂教学情况、教学反思、教学评价等多个方面的内容，这些内容都是对教师教学实践进行记录和反思的重要部分。再次，教学档案袋的建构自主。教师可以自主地选择档案袋的建构方式、内容、样式和呈现方式，可以根据自己的教学特点和个人需求进行个性化定制。这可以增强教师的主体意识和创造性精神，提高教师的反思和评价能力。最后，教学档案袋的反思理性。教学档案袋的反思基于理性和细致的深度思考，教师需要具备批判性思维和科学精神。通过理性反思，教师可以更好地分析和评估自己的教学实践，找到不足之处并改进教学策略，提升教学效果和质量。在我国当前英语新课程改革的背景下，教学档案袋的应用将会更加适时和合理。

（六）教学报告

教学报告指以一定形式根据一次课堂教学重要特点的回忆所做的记录，它的主要目的是让教师能够快速、频繁地评估课堂教学情况，并为下一次课堂教学的准备提供重要信息。教学报告通常包含每个教学步骤的开始和结束时间、教学过程中学生的反应和表现及下一次课堂教学需要注意的内容。教学报告和教案是不同的概念。教案是在教学前制订的计划，而教学报告是从教师自身的角度描述教学活动的情况。教学报告的主要作用是让教师进行反思和总结，并有助于提升教学效果。教师可以从教学报告中发现自己在教学中的不足之处，以便改进教学策略、完善教学内容与方法。教师可以单独完成教学报告，也可以与小组成员讨论后共同完成。在小组讨论的过程中，教师可以比较自己与同事的教学差异，从而进一步完善自己的教学计划和策略。因此，教学报告是从教师自身的角度出发，描述教学活动情况的重要文件，对于教师的成长和教学效果的提升具有极大的参考价值。

三、课程改革模式

合格的英语教师应该具备英语语言知识和教学能力两个方面的素质，这两者缺一不可。第一，英语教师应具备扎实的英语语言知识和能力。这包括对英语语法、词汇、语音等知识的熟练掌握，以及优秀的听、说、读、写、译的综合运用能力。他们需要能够轻松地听懂和理解英语语音和口语表达，能够用英语流畅地表达自己的思想和观点，能够熟练地阅读和理解英语文本，能够准确地翻译和用英语写作。此外，英语教师还需要具备跨文化交际能力，能够理解和适应不同文化背景下的语言和社交规范。第二，英语教师应具备卓越的教学能力。他们需要具备有效的教学方法和策略，能够根据学生的需要和水平设计和实施合适的教学活动，激发学生的学习兴趣，调动学生的学习积极性。英语教师还应具备良好的组织和管理能力，能够组织和管理课堂活动，引导学生合作学习和自主学习。同时，他们还应具备评估和反思能力，能够对学生的学习进行有效的评估和反馈，以及对自己的教学进行反思和改进。作为“言传身教”的英语教师，他们的语言能力直接渗透在语言教学实践中，对学生的语言学习有着直接的影响。他们应该能够用纯正的英语语音和表达方式来示范和展示语言的正确使用，引导学生进行英语交流和实践，帮助学生提高语言表达能力和交际能力。

在课程改革的模式下，高校可通过以下途径促进英语教师专业发展。

（一）课程行动研究

在传统的研究视域中，课程领域的研究工作被专家学者垄断，英语教师通常被视为课程开发的执行者，负责实施专家学者开发的课程。这种模式忽略了教师在课程设计和实施中的实际需求和见解。相比之下，课程行动研究是一种以教师为主体，以改进课程实践和提高教学质量为目的的研究行动。它充分发挥了教师的主观能动性，将权利还给了实践者。因此，它可以更好地反映教师在实际教学中的需求和实践。

英语教师是外语界专家学者观点的执行者，忠实地实施专家学者开发的课程产品。而课程行动研究是教师在实际课程教学情境中为改进课程实践、提高教学质量而进行的研究行动，它具有实践性、参与性，赋权于实践者解释性、试验性和批判性等特征；在方法上主要采用自省的计划、实施、观察和再思考这一螺旋循环方式。课程行动研究致力于对实践情境的理解与解释，体现了一种从实践到解释的研究范式，它不仅彰显了教师在课程改革中的探究者角色，拓展了教师的专业职能，而且使“书斋式”课程研究向实践层面转移，为高校英语课程理论与实践的整合提供了可能，英语教师在这一过程中也得到了锻炼与发展。

（二）校本课程开发

国家课程是由政府在中央或地方级别制定的，是全国范围内适用的通用教育课程。校本课程则是指在高校内部基于高校本身特殊文化背景和高校实际情况以及师生需要而开发的课程。校本课程是基于高校自身的特点和需求而开发和实施的，能够更好地反映高校及其所在地区的实际情况。相比国家课程，校本课程更加贴近学生的实际需求和兴趣，更有针对性和灵活性。此外，校本课程还可以更好地反映高校教育理念和文化，创造出符合本地文化特点的教学资源，增强学生的文化认同感。校本课程的开发需要高校和教师共同参与，需要反复试验和不断改进。因此，校本课程的开发过程更具实践性和灵活性，能够更好地满足学生的需求和教学实践的需求。

校本课程的本质主要体现在以下三个方面。①在权利上，高校拥有课程自主权。校本课程的开发和实施基于高校自身的特点和需求，因此高校在课程开发的过程中拥有自主权。高校可以根据自身的特点和需求，在符合国家规定的前提下制定适合自身特点的课程，并能够根据实际情况进行改革。②在课程开发主体方面，教师是课程开发的主体。校本课程的开发主体是教师团队，他们了解学生的需求、学科特点和本地区的文化等，把这些因素融入课程的开发中，更符合学生的要求。③在课程开发场所方面，具体高校是课程开发的场所。校本课程的开发发生在具体的高校情境中。针对不同高校的特点和需求，校本课程的开发在具体高校中开展，以符合高校实际情况和需求。同时，这种开发场所可以更好地满足教师和学生的需求，从而推进教育改革、发展和进步。

校本课程开发是一个民主参与、权责分享的过程，这种方式使得教师成为课程开发的主体，因此能够充分发挥教师的创造力和想象力。在课程开发的过程中，团队成员可以协调、互补，汇聚各自的智慧和技能，共同完成任务。在校本课程开发的过程中，教师不仅需要掌握英语课程的相关知识和课程开发的技能，还需要学习团队合作和沟通的技能。因为课程开发不是一个孤立的过程，它需要团队合作和沟通，从而达到优化和改进的效果。在完成校本课程开发的同时，教师不仅可以提高个人的专业水平，还可以获得满足感和成就感。因为完成这种任务需要克服重重困难、经受种种挑战，而这种经历也可以让教师感受到自我超越和成长的喜悦。

（三）教师自主发展

教师的自主发展具有重要的意义，英语教师在自主发展的过程中，需要根据自己的实际需求和高校发展的需要制定发展目标，如提高教学质量、提高学生的综合素质、提高教育科研水平等。同时，还需要合理选择发展策略，包括个人学习、教学实践和参与课题研究等，以寻找适合自己的自我发展方式。此外，英语教师还需要注重评价学习成果，及时调整自己的学习策略，以寻找更优秀的发展路径。

英语教师自主发展是教师作为发展主体，通过对自身教学实践的审视、批判和反思，通过参与学习和专业发展活动，不断提高自身能力和专业素养的过程。教师需要不断审视和反思自己的教学实践，发现问题、解决问题，并在实践中不断完善自己的教学方法和策略。同时，教师也要积极主动地参与各种教师专业发展的活动，如教学研讨会、培训课程、专业交流活动等，以提高自身的专业知识和技能，并将其应用到自己的教学实践中。通过这种内源性的自主发展，英语教师可以不断更新自己的教育理念和教学方法，提升自己的教学质量和效果。同时，这也促使教师在专业发展的过程中持续成长和进步，提升教师的自我实现感和教师职业的满足感。

第五章　高校英语教师专业发展的有效路径

本章介绍高校英语教师专业发展的有效路径，主要从七个方面进行了阐述，分别是学习共同体、反思性教学、教材多维度开发、课堂观察与课堂录像、教学案例与行动研究、信息素养与教学日志、合作学习与校本培训。

第一节　学习共同体

教师学习共同体产生于20世纪80年代美国的教师教育改革运动，其出现是为了应对教师职业发展的困境和挑战。教师常常面临课堂教学的压力、教学方法的创新和专业素养的提升等问题，而传统的独立教学和孤立思考的方式已经难以满足教师的需求。因此，教师学习共同体通过将具有不同个性和专长的教师连接起来，形成一个相互支持和学习的平台，可以更好地满足教师的成长和发展需求。教师学习共同体作为学习型组织，注重教师之间的互动和合作，通过分享教学经验、教学资源和专业知识，促进教师之间的互相学习和支持。在这个共同体中，教师可以相互借鉴和学习，共同研究和解决教学问题，提高自己的教学能力和专业素养。

一、教师学习共同体概述

（一）共同体

共同体在不同的领域中可以有不同的解释。在网络领域中，共同体指的是一组网络设备或系统元素的集合，它们共享相同的管理策略、访问权限或其他共同特征。在社会领域中，共同体是一个具有共同特征的群体或组织，这些特征可能包括种族、文化、价值观、经验、身份、地位等。共同体是社会学研究的一个重要概念，它可以用来分析社会关系和社会机制，并为社会发展提供参考。

此外，对共同体的概念进行纵向分析不难发现，其内涵与外延始终都处在动态的变化中。正因如此，人们对于共同体并没有形成一个统一的概念，也没有一个非常明确的解释。不同的人在解读共同体时总是自觉或不自觉地掺杂个人的主观成分。

（二）学习共同体

学习共同体的概念是以共同体为基础形成的，它是指在班级教育活动中，以共同愿景、价值和情感为基础，以真实任务为核心，师生、生生之间持续的、深层的合作和互动，共同成长、共同进步的学习组织与精神追求。[①] 这一界定不仅将学习共同体看成一种组织与实体，还将其看成一种意识和精神。

我国学者卢强还从课堂教学的视角对学习共同体的内涵进行了重新审视，并从有形场和无形场这两个层面建构了学习共同体，具体如图 5-1-1 所示。

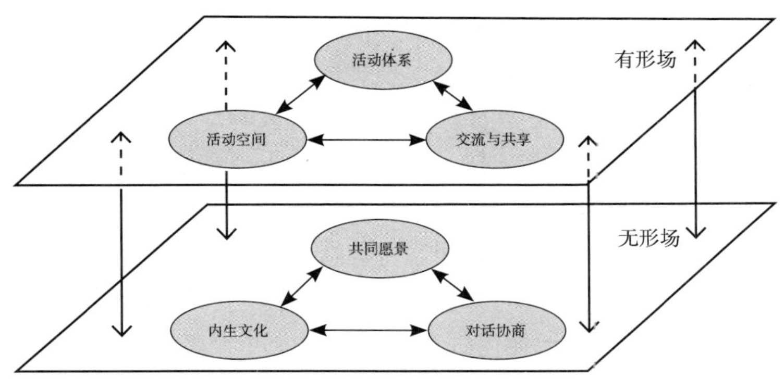

图 5-1-1　课程教学视域下的学习共同体概念模型

（三）教师学习共同体

教师学习共同体是一个自发组织的教师团队，旨在通过互相促进和共同发展来提升教师的专业能力和推动教师的专业发展。教师学习共同体注重的是共同发展的理念，它提供了一个重要的平台，让教师能够获得专业发展所需的支持和资源。在教师学习共同体中，教师可以通过探索和研究各种自主学习模式来提升自己的专业能力。此外，教师学习共同体也非常重视教师之间的经验交流，通过分享和讨论经验，教师可以相互借鉴和学习，不断提升自己的教学水平。教师学习共同体是解决教师专业发展困境的有效途径之一。通过加入教师学习共同体，教

① 潘洪建．“学习共同体”相关概念辨析［J］．教育科学研究，2013（8）：12-16.

师可以与其他教师建立联系，获得支持和指导，共同应对专业发展中的困难和挑战。教师学习共同体还能够提供专业发展的机会和平台，让教师能够持续学习和成长，从而为学生提供更优质的教育服务。

根据不同的分类标准，教师学习共同体可以分为不同的类型。事实上，大多数的教师学习共同体可能属于两个甚至多个类型，这表明教师学习共同体需要满足的要求更多。依据教师学习共同体依靠的平台，教师学习共同体分为线下和线上两种类型。依据教师学习共同体中教师的专业或者学科，教师学习共同体分为同学科的教师学习共同体与跨学科的教师学习共同体。依照教师学习共同体研究的问题，教师学习共同体分为基础型教师学习共同体、专业型教师学习共同体与研究型教师学习共同体。

教师学习共同体有两个层面的内涵。第一，终极目标是共同发展。在教师学习共同体中，管理者、教师以及其他成员通过合作、学习的方式提升自身的专业素养，从而推动整个教师学习共同体的发展。这意味着教师不再是孤立地进行个体学习，而是通过相互借鉴和合作，实现共同的成长和进步。第二，教师学习共同体的运作是否顺利关键在于共同学习与合作。教师学习共同体中的成员之间需要相互平等、相互学习、相互支持，并共同承担责任和学习任务。这意味着教师要积极参与到学习共同体中，愿意分享和交流自己的经验和想法，同时也需要乐于接受他人的建议和观点。通过共同学习与合作，教师可以共同解决问题、分享资源、提供支持，并取得更好的专业发展成果。总之，教师学习共同体是一个相互合作、互相学习的平台，旨在促进教师的共同发展和提升整个组织的专业水平。通过共同学习与合作，教师可以实现个人的成长目标，也可以共同实现团队的成长目标，从而为学生提供更好的教育服务。

二、高校英语教师学习共同体构建路径

（一）高校英语教师学习共同体构建的指导思想

高校英语教师学习共同体构建的指导思想或理念主要体现在以下两个方面。

1. 要能促进学校的可持续发展

可持续发展作为科学发展观的基本要求之一，现如今已经成为社会关注的重点。社会的可持续发展与社会内部不同要素之间的发展是息息相关的。

教育的可持续发展对于社会结构的优化、政治民主化和经济发展的可持续化都具有重要的影响。首先，教育的可持续发展对于社会结构的优化至关重要。通

过提供高质量的教育，社会可以培养出具有创新能力、批判思维和终身学习意识的人才。这些人才将成为社会的中坚力量，推动社会的进步和发展。教育的可持续发展也能够促进社会的公平和正义，减少教育资源的不平等分配，并为每个人提供平等的机会。其次，教育的可持续发展对于政治民主化的推进具有重要意义。通过提供普惠而高质量的教育，人们能够获得知识、技能和意识形态的素养，从而更好地参与民主决策和公民行动。教育的可持续发展可以培养出有公民意识和参与能力的个体，为政治体制的民主化提供支持。最后，教育的可持续发展也对经济发展的可持续化发挥着关键作用。一个受过良好教育的劳动力能够提高劳动生产率和创新能力，促进经济的发展。教育的可持续发展还能够提供适应变化和技术进步的人才，为经济的可持续增长提供支持。

学校在教育领域扮演着关键的角色，是教育资源的集聚地和教学活动的组织者，对学生的发展和教师的教学质量有着深远的影响。通过关注学校的可持续发展问题，我们能够不断提升学校的整体实力，为教育事业的可持续发展奠定坚实基础。只有建设可持续发展的学校，才能提供持久有效的教育服务，为学生的发展和社会的进步做出积极贡献。学校的可持续发展大致包括两个层面，一是学校内涵的可持续发展，二是学校外延的可持续发展。其中，学校内涵的可持续发展是学校可持续发展重点关注的内容。具体来说，其主要包括以下几个方面：①形成学校发展的目标；②重视学校教育科研；③建立良好的运行机制；④进行课堂教学改革。从这些学校可持续发展的内容可知，建立高校英语教师学习共同体对学校的可持续发展起着重要的作用。

2. 要能提升高校英语教师的教学智慧

学校可持续发展十分关注课堂教学的改革，如何更好地改善课堂教学、提高教学质量、促进教育领域的整体变革，是如今教育研究者和教师群体共同关注的重要问题。可以说，课堂教学活动的改革对英语课程教学的整体改革具有关键性的影响。

课堂教学是实现英语教学的主要途径，课堂是进行英语教学的主要场所，而在课堂教学中，教师起着重要的指导作用，没有了教师，课堂教学就无从谈起。正因如此，进行高校英语教学改革就需要关注教师素质，努力使英语教师的教学智慧得到整体提升。提升高校英语教师的教学智慧需要教学工作者从教育的各个层面内化教师的培养，不断提升教师的教学水平。

具体来说，教师的教学智慧是在教学实践中体现出来的，如教学方法的选用、教学活动的设计、教学项目的安排等。这种教学智慧是教师能力与素质综合作用的结果，需要教师将自身智慧与教学问题进行有机融合，并对自身的教学实践进行总结与反思。教师的教学智慧体现了教师的多种素质：教师的教学智慧是教师知识素养的反映，是教师教育机制的展现，是教师价值观的体现，是教师教学风格的体现。

综上所述，培育智慧型的高校英语教师也是进行高校英语教师学习共同体建构的重要指导思想。智慧型高校英语教师的培养是提升教师内在素质与行为修养的内在要求。通过英语教师学习共同体的建构，英语教师的知识结构会得到一定的优化，其教学智慧和职业素养也会得到提升。

（二）高校英语教师学习共同体构建的策略

高校英语教师学习共同体构建的策略主要可从宏观和微观两个层面进行分析。

1. 宏观策略

（1）专业指导

在教师的专业发展过程中，专业指导是一项不可或缺的内容，具有重要的指引意义。

（2）校本教研

校本研究是高校英语教师学习共同体建构的方向性策略，也是一个重要的宏观策略，具体而言主要涉及以下几个方面。

①建立教师教育者文化。在教学活动中建立起来的平等、开放、合作的相互依存与信任的关系就是教师教育者文化。教师教育者文化的建立对教师的专业学习起到积极的促进作用。因此，应倡导教师群体针对教学沟通与协调问题进行专业对话。

②将课题研究作为纽带。英语教师学习共同体来自教育教学实践，尤其是教学和科研，可从现有的研究中找到灵感，同时根植于学校的具体情况进行有针对性的探究。同时，可以从现有的研究中找寻新的研究切入点，从而便于研究的发展。在较为困难的情况下，可以根据现有教学条件，分析总结实际情况，最终产生完整的研究效果。

③提倡团队协作。团队协作是教师教学研究的基本形式，同时是合作研究正常运行的重要前提。因此，积极进行英语教师学习共同体的建设，使教师就共同的问题展开讨论，也有助于教师专业能力的发展。

2. 微观策略

微观层面的策略需要高校领导和教师的双重努力，具体分析如下。

（1）高校领导应对英语教师学习共同体建设给予支持

①高校领导积极从管理者转变为服务提供者。高校领导应对组织模式有全面的认识，转变观念，对自己肩负的基本任务重新定位，创造积极的氛围，为教师畅所欲言创造条件，使他们积极参与教学活动，从而促进教师的个人发展。此外，学校要注意营造和谐、融洽的人际氛围，努力将教师个人的力量汇聚在一起，形成一股更大、更强的力量。高校领导应与教师进行真诚、平等的沟通，对教师之间的交流与合作予以鼓励。

②协助教师搭建英语教师学习共同体的共同愿景。具有共同愿景是英语教师学习共同体最重要的特点之一。当教师具有共同愿景时，教师才能形成一股强大的力量，才能紧密地结合在一起。换言之，缺乏共同愿景，学习共同体就难以建立，教师的专业发展更是无从谈起。

③获得时间和安全空间。英语教师学习共同体要想得以存在，时间和空间是必要条件。一般来说，在校任教的教师或多或少都会面临一定的教学压力，所以高校领导应为教师之间的讨论与交流安排一个相对固定的时间。

综上所述，高校领导在英语教师学习共同体构建过程中起着重要作用，需要适度授权给教师，需要帮助教师建立一个共同的愿景，需要充分发挥服务的作用，并建立科学、合理的教师评价机制，使英语教师学习共同体得到良性发展。

（2）提升英语教师在建立学习共同体上所需的各方面的能力

教师是教师学习共同体构建的主体，因此教师也需要在高校领导创造的积极条件下，发挥自身的能力水平。具体来说，提升英语教师在建立学习共同体上所需要的能力应把握以下两个方面。

①教师群体要有完整的共同目标。促进教师的专业发展是英语教师学习共同体的目标。需要特别说明的是，教师自身的坚强意志是这个目标的重要前提。

②教师要提高自己的沟通协作能力。高校英语教师学习共同体的构建是为了解决教师专业发展及具体教育教学中的问题，从而增强我国英语教学力量，为社会输送更多优秀的英语人才。在这个过程中，教师的沟通协作能力发挥着重要的作用，教师需要有意识地提升这种能力。

（三）高校英语教师学习共同体构建的机制

机制构建是成功构建高校英语教师学习共同体的重要保障。概括来说，高校英语教师学习共同体的建构应采取关键机制、保障机制、协同控制机制与运行激励机制。这里主要对关键机制和运行激励机制进行详细介绍。

1. 高校英语教师学习共同体构建的关键机制

高校英语教师学习共同体构建的关键机制主要体现在以下几个方面。

（1）培养基石：创生文化

当今时代是一个各个领域都不断向前发展、快速推进的时代，更是一个创新的时代，创新是一切事物发展的根基。在这样的时代背景下，不思变革只能遭到时代的抛弃。

在教学领域，教学哲学观已由原来的“选择与淘汰”观变为现在的“培养与发展”观。新的教学范式旨在通过一种新型的学习文化的创造来实现所有人的发展。学习既是一种认知实践，又是一种社会交往实践，还是一种自我反思实践，因而是多种实践的复合体，而不再是单纯的认知实践。因此，学习成为真实社会环境中的某一社会性活动方式，而不再是孤单的行动。学习者只有得到特定文化与社会资源的支持以及他人的协作与帮助，才能进行真正有效的学习。在这样的基础上，有意义的认知建构才能实现，学习者也才能获得更好的发展与社会身份的认同。换句话说，真正的学习是一种社会性的意义建构，是存在于社会之中的，而并不仅仅是一种个人行为。

任何事情都不是一蹴而就的，而是需要反复试验，反复在失败中吸取教训才能成功。一种新型学习文化的创生离不开敢于冒险和勇于尝试的勇气，也离不开教师队伍对传统的教学方式的反思，因而要想使文化生态型教师学习共同体得到可持续发展，高校就必须付出努力。

实践证明，单纯、零散的新思想、新观念不能真正解决本质性问题，治标不治本。要想使高校教师学习方式产生真正的改变，并形成真正意义上的教师学习共同体，就必须使高校的文化发生根本性的改变。

在人类组织中，愿景可以把不同的人联结在一起，是最有激励性的因素，因为愿景是人们关于未来的美好期待。一个清晰而明了的学习愿景可以有效调动所有人的积极性，并将他们的动力与热情激发出来。一旦群体中某位成员的个人愿景获得所有成员的认同，并被当作共同体的共同愿景时，共同体内部成员之间就形成了一种共同体意识和一股荣辱与共的凝聚力。

教师学习共同体的构建需要有共同体意识。共同体意识的强度决定了教师学习共同体发展的高度，因为责任感、承诺、忠实等这些共同体意识影响着共同体成员的学习动机和努力程度。共同体意识越强，共同体成员对教师学习共同体成就的满意度就会越高，与共同体成员间的合作程度就越高，对教师学习共同体目标的认同度就越高，共同体成员间的信息交流就会越深入和充分。所以，一个能够真正承担起责任和义务的教师学习共同体，是高校变革的目标和追求。

在教师学习共同体中，共同体成员围绕他们共同追求的价值观念，相互切磋、协商，在此过程中，一种浓厚的归属感也自然而然地建立起来。建立在认同基础上的教师学习共同体使得学习主体由个人转变为学习共同体。教师学习共同体中的每个成员都坚信，他们是与有着同样愿景的人共同创建着他们的社会生活。因此，教师学习共同体要想获得真正的成功，就要确保每个成员在学习上都获得成功。一旦教师学习共同体关系形成，共同体成员会更多地关注他们共同享有的义务和责任，从而使教师学习共同体成为一个高效的组织。

（2）动力源泉：赋予权利

当某一群体的成员拥有同样的愿景时，学习共同体就开始生成了。在一个真正的学习共同体内部，所有的成员个体都是学习的主体，都处于学习的状态，并乐于贡献自己的一份力量。因此，每位成员都应被赋予权利，这是高校英语教师学习共同体有效构建的动力源泉。正所谓压力伴随着动力，权利意味着责任，只有对每一位成员进行授权，个体才会产生相应的责任感，自觉承担起对自己、他人以及集体的责任。在对共同体成员进行授权时，高校需要注意把握以下几个方面的问题。

①明确教师学习共同体的学习目标与任务。目标与任务只有得到共同体所有成员的认可，才能成为共同体发展的指向灯，成为团结共同体成员的凝聚力，使成员在今后的学习活动中能够惺惺相惜，从而为了共同的目标与任务而建立起一种相互依赖的关系。简单来说，有了目标和任务，成员在想问题、做事情的时候就能用“我们”来代替“我”。

②在教师学习共同体内部进行角色选择。为完成共同的任务，每位成员都要承担一定的职责和履行一定的义务。因为每位成员都是教师学习共同体内部的主体，成员之间要相互认同主体身份，通过各自体悟与智慧的分享来生成新的理解以及成员间的共同智慧。只有每位成员都参与到教师学习共同体的活动过程中，每位成员才能顺利地化集体的成果为个人的成果，才能丰富自己的专长。

③成员之间要懂得相互尊重。成员之间互相尊重是教师学习共同体成长的必要条件。每位成员都有自己的个性特点，有不同于他人的独特优势，共同体所有成员都要对这种客观差异给予充分的尊重。不仅如此，教师学习共同体的每位成

员都要尊重任何成员为工作所做的贡献，既要尊重自己的贡献，也要尊重其他成员的贡献。具体来说，在生态学习观下，知识并非集中的，而是分布的，成员个体作为不同知识的携带者，都能够为教师学习共同体的共同成果贡献一份力量。总之，充满归属感的学习环境应建立在成员相互尊重的基础之上。

（3）自动生成：协商对话

从本质上来看，教师学习共同体是一个对话共同体，它强调交互、包容、开放与平等。教师学习共同体还倡导自我调节、自我组织，重视自我意识，是一个有生命的学习系统。持续的协商、对话与讨论是教师学习共同体的主要活动方式。起初，共同体的组建就是在某个问题或某个共同兴趣的基础上推进的。换句话说，共同体成员共同决定教师学习共同体活动的目标，然后与其他成员合作，共同实现目标。

教师学习共同体的成长和发育与其他生命系统一样，也是一个自组织、自生成的过程。当传统的学校组织和课堂教学意识到自身的问题和局限并尝试解决和突破时，学习共同体就出现了。需要注意的是，学习共同体中的很多成员都受到传统教育模式的影响，他们的文化素养与思维方式还有待更新，尚不能很快达到自觉构建教师学习共同体的高度。所以，来自系统外部的推力是十分重要的，它对于创设一个全新的学习环境，使其以更强的生命力走向我们期望的平等、民主的教育环境下的共同体具有不可替代的作用。应从学校内部渐进式地改变，尝试依靠共同体内外环境以及现在和未来之间的张力，来促使教师学习共同体走向正轨，走向自组织。

具体来说，形成一个能够共同接受的知识基础是共同体的首要任务。讨论与协商是十分有效的方法。通过共享目标的引导作用，成员之间可以进行有效的学习与交流，并为了实现互利互助而贡献自己的一份力量。将所有参与者的贡献进行交融，就形成了教师学习共同体的集体实践，即语言、风格、活动、故事、信息、工具、观点、集体框架等由共同体成员所共有的内容。

至于如何进行有效的协商，我们认为，协商应当建立在平等的基础上，进行富有建设性的对话，如此可以最大限度地促进有效的协商交流。应当清楚地认识到，对话既不是辩论，也不是比赛，而是一种有效的沟通方式，它使成员在对方的帮助下获得更深入的理解，了解新知识并改变自己的观点。只有每位成员都在被尊重的前提下积极地进行探索、交往、批判、参与，才有可能建立一个有生命力的文化生态型教师学习共同体。

2. 高校英语教师学习共同体构建的运行激励机制

（1）激励简述

简单来说，激励是指激发人的行为的心理过程，它是组织通过设计适当的外部奖酬形式和工作环境，以一定的行为规范和惩罚性措施，借助信息沟通，来激发、引导、保持和规范组织成员的行为，以有效地实现组织及其个人目标的过程。

激励理论是研究如何调动人的积极性和动机的理论。根据激励理论，人的工作效率和工作态度取决于他们的需求满足程度和激励因素。在高校管理中，针对教师的激励，首先需要进行详细的需求分析，了解教师的各种需求及其需求的程度和行为动机的特征。这可以通过与教师进行沟通以及观察教师行为来实现。一旦了解了教师的需求，高校管理者可以通过配置各种管理资源来满足教师的需求。这可以包括提供良好的工作条件和工作环境，提供必要的培训和发展机会，建立积极的团队氛围和相互支持的文化等。此外，高校管理者还可以通过矫正、规范和引导教师的行为来激励他们。这可以通过明确的绩效目标和评估标准、提供合理的激励措施和奖励机制、给予及时的反馈和认可等方法实现。通过满足教师的需求、调动他们的积极性，高校管理者可以有效地推动教师学习共同体的目标的达成，提高教师的工作效率，端正教师的工作态度，从而促进高校的整体发展和提高学生的学习效率。

一般来说，激励机制由以下两个要素组成。

①激励标准，即对激励教师的方向和强度所做的规定。

②激励手段，即采用何种具体的激励方式。选取激励手段时，应根据预期目标的不同而有所侧重。为满足教师的物质需求，可采取功利型激励方式，如以实物形式给予教师相应的奖励；为满足教师的精神需求，可采取精神型激励方式，如认可、赞赏教师的价值观念与行为方式或者授予教师某种具有象征意义的符号。

（2）运行激励机制的主要形式

运行激励机制是指高校为引导教师的学习行为和方式，根据一定的标准和程序给教师及其团队分配资源，以实现其认同的愿景。运行激励机制可以有效激发教师的学习动力，并且对高校来说可以引导教师行为方式和价值观念。在激励教师时，高校应当贯彻“三不三多”的原则，坚持不抱怨、不批评、不指责，多赞美、多表扬、多激励。这种原则的贯彻可以有效地提高教师的工作积极性和工作效率，并有利于他们更好地发挥自己的潜力。与此同时，贯彻“三不三多”的原则还能够保护落后者的自尊心和自信心，从而提高全体教师的集体凝聚力。同时，对于那些表现突出的优秀教师，高校也应该适当给予肯定和奖励，以鼓励他们继续发挥积极的作用，为高校发展贡献更多的力量。

具体来说，激励的主要形式有以下几种。

①目标激励。目标激励是一种激励方式，通过将远、中、近的目标与大、中、小的目标结合起来，鼓舞和激励教师在工作中不断努力。确立切实可行且振奋人心的奋斗目标是实施目标激励的关键。目标激励可以提升教师的自我驱动力和努力程度，使他们更加专注、认真地投入工作中。高校通过将长期目标与中期和短期目标相结合，可以使教师更加明确地意识到自己的行动和努力与目标的联系，进而使他们更加有动力地去追求和实现这些目标。

②关怀激励。现代社会越来越重视人的作用，越来越突出人文情怀。因此，关怀激励也是激励的重要形式。高校管理者要想有效施行关怀激励，就需要深入了解教师。具体来说，高校管理者可以从八个方面深入了解教师：教师的思想动态、教师的家庭情况、教师的个性特点、教师的业务能力、教师的社会关系、教师的困难需求、教师的兴趣爱好、教师的成长愿望。

③奖励激励。奖励是一种重要的物质激励方式，在教师激励中起到了重要的作用。奖励以其可见性和实质性的特点，能够直接激励教师的工作动机，调动他们的工作积极性。需要注意的是，高校在进行奖励激励时应注意方式的多样化，一方面要不断创新，另一方面应尽量将物质激励与精神激励有机结合在一起。因为通常来说，重复多次的奖励后，激励的作用就会减少，刺激也会减轻。而通过不断创新，新颖的和变化的激励方式的作用则更为显著。

④榜样激励。榜样激励是指通过榜样对教师产生刺激和激励，鼓励其不断进取，不断取得进步。通过选取具有典型性的正面事例与人物，可以使教师清楚地了解什么样的思想或行为是值得提倡的。对于学校来说，要善于及时发现典型、总结典型、运用典型，通过营造典型示范效应来鼓励教师学先进、帮后进。

⑤支持激励。支持激励是指学校的领导者应对教师的创造性建议表示支持，从而对教师的聪明才智进行更好的挖掘。具体来说，学校领导者可从以下几个方面入手。

首先，要信任教师，对教师面临的困难应积极排解，从而有效提升教师的信任感与安全感。

其次，要对教师的尊严、人格与首创精神给予充分尊重。

最后，在教育工作中，领导者应当与教师一起承担责任，并为教师提供适当的支持和条件，使其能够更好地胜任工作。当教师出现工作差错时，领导者应当以合作和支持的态度面对问题，而非仅仅将责任推给教师。通过与教师合作，领导者可以更好地了解问题的本质，找到更有效的解决方案，同时建立教师和领导之间的信任与合作关系，共同推动教育工作的不断进步。领导者应严于律己、以身作则，通过自己的示范作用给教职工带来信心和力量，从而更好地激励教职工朝着既定目标前进。

⑥数据激励。数据具有很强的客观性与说服力，也是一种有效的激励手段。需要注意的是，应在条件允许的情况下对能够显示的各种指标进行定量考核。此外，应将考核结果定期公布出来，使教师能对整体数据以及个人在团队中的位置有一个清晰的认识，从而明确差距，迎头赶上。

第二节　反思性教学

高校英语教师立足于自我观察与自我批判开展反思性教学，发现教学中的不足，改正自身教学中的不良行为，科学地、系统地分析和研究教学中的问题，这对教育品质与教学质量的提高以及教师的自我发展而言意义重大。

一、反思性教学的特点与内容

（一）反思性教学的特点

国外有学者认为反思性教学具有如下几个特点。

①主动性与质疑性。教师在进行反思时，首先应该主动明确教学目标，并思考如何才能更有效地实现这些目标。其次，教师还需要审视教学方法和策略是否符合实现目标的需要，并进行质疑和反思。最后，教师还应该以批判性的眼光审视教育政策、教育目标和教育价值观，反思其中的价值取向和实施方式，从而不断提升教育的质量和效果。教师的反思不能只局限于教学过程中的个人行为和决策，还应该放眼于更广泛的教育背景和社会环境。这种广阔的视野和批判性的思维有助于教师更加全面地认清教育现实，不断完善教学实践，促进教育的可持续发展。

②实践性与实验性。为了促进教学能力的发展，在反思性教学中，教师需要掌握进行课堂教学研究的方法。反思性教学要求教师具备实验能力、分析能力以及评价能力。反思性教学要求教师能收集实验中的数据，能对教学现状与教学过

程进行描述，能对原因与结果进行分析。其中，数据既包括诸如考试成绩、问卷调查等方面的客观数据，也包括诸如观点、情感等方面的主观数据。要想使数据变得有意义和价值，必须对其进行解释与分析，从而使结果可以被应用和借鉴。

③调节性与职业性。教师的职业判断能力是反思性教学建立的基础。教师的职业判断能力主要来自以下两个方面：教师的反思、教育科学研究的理论与实践。

每位教师都有自己的教学信念，这些信念对教师的教学以及教学中的决策具有一定的影响，是教师进行职业判断的前提。通过反思性教学，这些信念实现从隐性到显性的转换，并接受实践的检验，初步上升为具有指导价值的教学理论。此外，教育科学的研究成果也是教师职业判断能力的来源，所以注重学习教育科学理论是反思必不可少的基础。

除此之外，教师还需要具有全身心投入的精神，这是成为反思性教师必不可少的条件。

我国也有学者对反思性教学的特点进行了分析与研究，认为反思性教学的特点主要包括实践性、针对性、反省性、时效性和过程性。

①实践性。反思性教学的实践性是教学过程中的反思，并贯串整个教学过程的始终。同时，反思性教学的实践性要求教师将反思与实际的教学实践相结合。反思不仅仅是一种思考和分析的过程，更重要的是将反思的结果应用于实际的教学中。教师通过反思的结果来调整和改进自己的教学方法和策略，不断优化教学设计和教学过程，以提高学生的学习效率和满意度。

②针对性。教师在进行反思时，会关注自己在教学实践中的具体行为和决策，以及这些行为和决策背后的教育规定、原则和准则。教师会思考自己的教学目标是否明确、教学方法是否有效、教学内容是否恰当等方面的问题。他们会审视自己过去的行为和做法，思考其中的优点和不足，从而找到改进的方向和策略。通过针对性反思，教师能够更深入地了解自己的教学行为和效果，并将其与教育规定、原则和准则进行对照和匹配。他们可以根据教育规定、原则和准则，对自己的行为和决策进行评估和调整，以促进教学质量的提高和学生学习效果的提升。

③反省性。在教学实践中，教师常常面临各种复杂的情境和问题，需要通过反省性思考来审视和分析。这种反省性思考不仅仅包括对教学表面现象的分析，更倾向于深入挖掘教学实践背后的原因和影响因素，从多个维度来理解和解决教学中的挑战和问题。通过多层次、多视角思考，教师可以更全面地认识自己的教

学实践，包括教学目标的设定、教学方法的选择、学生的反馈、课程内容的设计等方面。这种深度的反省性思考有助于教师更清晰地把握教学的本质，提高自身的能力。反省性思考也能够帮助教师不断完善自己的教学方式和策略，促进教学效果的提升。通过对教学实践的反省，教师可以更好地发现自己的优势和不足之处，及时调整和改进教学行为，以更好地满足学生的需求，提高教学质量。

④时效性。时效性强调反思的及时性，教师应该在教学过程中不断地觉察和评估自己的行为和决策是否符合教育的理性要求，以及学生的实际需求。教师发现自己存在非理性的行为或观念时，应该及时进行矫正，以便提高教学质量和学生的学习成效。此外，时效性还强调反思的自动化，这意味着教师需要培养反思的习惯和能力，使其成为教学实践的一部分。这样，教师就可以更加敏锐地觉察到自己的非理性行为和观念，并主动进行反思和改进。

⑤过程性。反思性教学的过程性指的是反思是一个系统而有条理的过程，通常包括意识阶段、思考阶段和修正阶段。首先，意识阶段是指教师意识到自己在教学实践中所面临的问题或者需要改进的方面。这一阶段包括对教学过程中的事实、现象或结果的觉察和认识，教师开始意识到自己的教学可能存在问题或有改进的空间。其次，思考阶段是指教师对教学过程进行深入思考和分析，探究问题的原因、影响因素以及可能的改进方法。在这个阶段，教师通过深入的反思和思考，试图理解问题的本质，找出潜在的改进方案，并对教学过程中所面临的挑战进行全面的思考。最后，修正阶段是指教师根据在思考阶段得出的结论，采取相应的行动进行修正和改进。在这个阶段，教师通过实际行动，尝试改进自己的教学方式和策略，以期取得更好的教学效果。

基于上述观点，笔者将反思性教学的特点总结为以下几点：主体性、探究性，批判性、情境性、内隐性。

1. 主体性

反思性教学模式具有显著的主体性，具体是指教师通过自觉努力实现教学方式的更新与教育理念的获得。教师是反思性教学模式的源泉。反思性教学的原动力主要是教师专业发展的积极性与责任感。教师应注意更新教学观念，关注教学效果，主动发现自己教学中的问题，并对问题进行分析、总结，最终解决问题。

2. 探究性

反思性教学模式的探究性是指采取反思性教学模式的教师往往会不断追求教学实践的合理性，从教学实践中敏感地发现具有价值的问题，同时对这些问题加以解析。在进行反思性教学的过程中，教师主动探究新问题、寻求新策略，最终提高教学效率。

3. 批判性

反思性教学模式要求教师具有批判性思维。反思性思维带有明显的批判性特征，教师在接受与使用专家的理论时，应以批判的态度辩证地看待问题，要去伪存真，避免全盘接受与机械照搬。

4. 情境性

在英语教学中，教师所面对的教学情境并非是一成不变的，而是充满变化与困惑的。采用反思性教学模式，教师可以在多变的教学情境中对教学活动加以监控，并做出适当的调节，以确保教学实践的合理性。

由于教学情境变化不定，现成的教育理论与教学方法有时无法满足教学需求，教师只有通过不断反思、总结，开发出新的教学方法，才能真正提高自身的教学水平。

5. 内隐性

通常，教师通过反思而建构的个人实践与知识往往是一些与个人经验与感受相关的默会知识，尽管可借助反思日志与行动研究将反思过程呈现出来，但大多数情况下反思仅仅存在于反思者的头脑中。

（二）反思性教学的内容

反思性教学的内容主要包括以下几点：对教学理念的反思；对教学技能的反思；对教学过程的反思；对教学效果的反思。

1. 对教学理念的反思

首先，高校英语教师要审视自身的教学理念，并进行调整。传统的教学理念可能强调教师的权威和知识传授，但现代教学理念强调学生的主体地位和积极参与。其次，高校英语教师要加强自身专业知识的学习和更新。了解最新的教学理论、教学方法和学科前沿，能够帮助教师更好地理解教学的本质和学生的需求。最后，教师还需要关注社会的变化和学生的需求。多元社会对语言能力和跨文化交际能力的要求越来越高，教师要根据这些要求调整教学目标和内容，培养学生的语言综合运用能力和国际化视野。

课堂教学的组织与安排一般涉及下面的内容：对学习活动进行选择，为学生学习新知识做好准备；将学习活动呈现出来，根据学习活动提问；指导学生的句型操练，检查学生的理解程度；给学生提供语言操练的机会，监督学生的学习过程；对学生的学习活动提供反馈等。

在高校英语教学的过程中，如果想要了解教师对上述这些教学活动是如何开展的，就应对教师的教学理念进行审视。教师的所有教学活动都受其自身教学理念的支配。教学理念的反思有助于教师理性地反思自己的教学实践，评价自己教学实践的合理性与有效性。

2. 对教学技能的反思

对教学技能的反思也是反思性教学的一项重要内容，具体需要对以下内容加以考虑。

①在课堂教学中，理解性问题、开放性问题与高层次问题提问的数量以及学生参与的人数和次数。

②对问题学生的处理。

③对课堂上突发事件的处理。

④语言知识教学所采用的方法与技巧。

⑤教学活动设计的合理性。

⑥运用教学手段的技能。

⑦课堂教学的组织与管理。[①]

3. 对教学过程的反思

反思性教学还要注意反思教学过程，具体要对下面的内容进行审视。

①教学角色是否符合教学材料、教学目标和学生需要？

②教学活动设计是否合理？

③教学活动实施是否与预期目标一致？

④教学技术的使用是否利于学生的语言学习与能力发展？

⑤教学目的、教学工具、教学方法、教学措施以及教学过程等是否将理念与实践有机结合起来？

⑥时间安排是否合理？

⑦学生参与课堂学习活动是否积极，学生的学习效果如何？

通过对这些内容进行反思，教师可以理性地回顾自己的课堂教学行为，从中发现存在的不足与问题，在以后的教学中注意改进。

① 李正栓，郝惠珍. 中国语境下英语教师教育与发展研究［M］. 保定：河北大学出版社，2009.

4. 对教学效果的反思

反思性教学还应注意反思教学效果。在教学活动结束之后，教师应对整个教学实践所取得的教学成效做出价值评判，具体可以从以下两个层面进行。

（1）学生角度的满足程度

就学生角度的满足程度而言，其主要考查教学目标是否达到了课程教学要求中的要求，这些要求包括语言知识、语言技能、学习策略、情感态度、文化意识等。

（2）教师角色的价值感受

就教师角色的价值感受而言，其主要考查教师在确定价值取向、实施教学活动、进行价值判断过程中自己的教学活动对学生的影响情况，对个人经验的提升情况，对教学理论和教学理念的促进情况。

二、基于反思性教学的高校英语教师专业发展路径

基于反思性教学的高校英语教师专业发展路径有很多，如教学报告、专业实践档案、微格教学、学生反馈、调查与问卷、个案分析、专家听课、学术研讨会等，下面对其中的一些路径进行详细介绍。

（一）教学报告

教学报告的主要内容是教师对自己课堂教学的主要特点进行的描述，目的是监控自己的课程教学实施过程、教学时间分配以及教学效果。教师可以提前对报告的格式、内容进行设计，在课堂教学结束之后直接填写表格。

此外，教师可以选择相对简单的教学报告法。在一节课结束之后，教师可以针对如下几个问题来进行回答。

①这节课的教学目标是什么？

②在课堂上学生真正学到了什么？

③我的教学过程是怎样的？

④对于教学过程中遇到的问题，我是如何处理的？

⑤课堂上哪个环节最成功？

⑥如果这节课重新教一遍，我会采取怎样的做法？

教师将上述问题的答案记录下来，可以作为以后分析教学以及进行反思的素材。实际上，教师对问题进行回答的过程就是一个自我反思的过程。

（二）专业实践档案

专业实践档案是记录教师个人教学、科研等专业实践成果及发展历程的具有结构性和持续性的文件资料。建立专业实践档案的过程就是教师对已有的经验问题进行归纳整理的过程，是对自己专业成长的积累过程，也是自我评价的过程。

建立专业实践档案的目的是促成教师的反思，引起教师对专业实践过程中细节的合理性的重新思考，并重构自己的行事逻辑和思维方式。

1. 专业实践档案的优点

建立专业实践档案的过程能够鼓励教师持续对自己的专业实践活动进行反思，而不是简单记录自己的专业实践活动。此外，因为专业实践档案里也包含了大量学生在教师专业实践活动中的表现，所以它为教师专业实践活动素材的积累和反思提供了全面翔实的资料。

建立专业实践档案是一个持续的过程，它能为教师的自我评估和发展提供依据，鼓励教师不断积累并强化自己的优势，并找出需要改进的地方，从而使教师通过反思在专业方面取得进步。此外，专业实践档案鼓励教师间进行专业对话，共同进步。

专业实践档案的编撰对于教师专业实践反思的意义有以下几点。

①教师能够重新观察和审视自己的专业实践过程。

②教师能发现自己专业实践过程中的不足。

③教师可以找到自己专业实践的理论和策略支撑。

④教师能对自己的专业实践活动承担责任。

⑤教师可以依据专业实践档案制定未来的专业实践方向和目标。

⑥教师能通过审视专业实践档案肯定自己在专业实践活动过程中的冒险精神和探索精神，同时发现自己在专业方面取得的进步和发生的改变。

2. 专业实践档案应包含的资料

教师的专业实践档案主要涉及以下内容。

①专业实践活动过程的细节，包括通用课程描述、周教学大纲、阅读书目、课后作业、专业实践过程评估文件。

②教师的教育哲学和教学理念，即教师认为教和学应该是什么样的，怎样才能获得最佳教学效果，哪些因素会促进或者阻碍专业实践活动的进行等。

③反思日记，包括那些成功的或者达到预期效果的专业实践活动内容，也包括那些发生了意想不到的插曲的专业实践活动内容。

④同行观摩笔记，不论作为观摩者还是被观摩者，教师都应该在观摩前、观摩中或者是观摩后做相关的记录。

⑤录制自己专业实践活动的录像，最好包含自己观看自己录像后撰写的反思日记或者笔记；如果有同行观摩，把相关的反馈也留存下来。

⑥学生参与专业实践活动的样本，包括学生的作业或者测验及教师在上面的标注和批阅内容。

⑦学生的反馈，也就是在专业实践活动中期或者最后设计的对学生所学内容进行的评估，了解学生对专业实践活动的感受与要求，以及设计的调查问卷或者与学生进行的日常交流等。

⑧专业实践活动展示，即教师在各种会议（包括国际会议或一些内部会议等）上做的各种与专业相关的展示。

⑨参会记录，即教师作为会议的参与者在参会过程中的收获、总结和反思。

⑩专业实践过程中使用的资料，包括教师在专业实践活动过程中发给学生的印刷资料、工作表、专业实践活动概要等。

⑪教师在专业实践过程中所撰写的所有和专业相关的内容，包括教师在专业实践过程中发表的期刊论文以及培训手册，甚至包含教师在博客等各种媒介上撰写的与专业实践活动相关的文字。

⑫委员会工作记录，记录自己参加的与专业相关的委员会、该委员会的目的、自己在该委员会中所起的作用以及承担的责任。

⑬其他与专业实践活动相关的内容。

（三）微格教学

微格教学是指教师运用摄像机等设备，将自己作为反思对象的某个教学方面记录下来，之后以旁观者的视角来分析，发现教学中的问题，寻求这些问题的解决方案。

微格教学能够使教师对自己教学中的行为有一个清晰的了解，同时能够与他人进行探讨。当然，教师也可以根据自身反思的问题，录下其他教师的教学片段，通过观察其他教师的做法，反思自己的教学，找到解决问题的灵感。

（四）学生反馈

学生反馈是指教师从学生身上获取信息，将这些信息作为调控教学的依据。通过学生反馈，教师不仅可以了解学生的学习状况，而且能够了解自身的教学优缺点，进而反思自己的角色与教学方法。在英语教学中，教师获取学生反馈信息的有效途径有学生评教、师生座谈、成绩测试、问卷调查等。

在英语教学中，学生反馈是英语教师专业发展的一个有效途径，可以大大促进教师专业素质的提高，使教师对自己的课堂进行优化，也能使师生之间的关系更加融洽，从而推动学生的自主学习以及教师的专业化发展。

第三节　教材多维度开发

在英语课程中，教材是一个重要组成部分，是体现教学内容、教学方法的载体，也是实现教学目标的必要条件。在高校英语教学中，英语教师对教材进行多维度开发，实际上是为了进一步更新教学知识，提升教师专业技能。同时，通过教材多维度开发，能够进一步推进高校英语教师的专业发展，这是英语教学研究的一项重要课题。

所谓教材多维度开发，简单来说就是对教材进行多角度、多层次、立体式的开发与研究，涉及整合与教材相关的参考资料、编写教学类指导用书与配套练习册、制作多媒体课件、设计教学思路、分析教学个案、总结教材使用经验等。

对英语教材进行多维度开发的过程，也是以英语教材为基础，对英语课程展开多方位的整合、思考与再度开发的过程。教师对英语教材进行多维度开发，既涉及对英语教材理念的编排，也涉及对教材体例的熟悉与理解，还涉及对教材相关教学资源的整合与课件的制作，以及在课程设置目标的基础上，对教材进行再编写、再开发。

教材的多维度开发建立在现有教材的基础上，且超越现有教材。一般来说，教材的多维度开发可以从以下三个维度着手。

①对现有教材进行创造性、灵活性、个性化的运用。

②对其他教学材料、教学资源进行选择、整合、优化。

③对其他新的教学资源进行自主性开发。

一、教材多维度开发的要素

（一）开发主体

教师是整个教学活动的主导者，在教学过程中起着重要的指导作用，也是教材多维度开发的主体。

高校英语教师不仅要将教学内容加工成与学生生活密切相关、操作性强的语言学习任务，还要在课堂实际教学中，激发、组织、帮助学生参与到教学活动中，引导学生积极主动地完成英语学习任务。

教师作为课程的开发者与实施者，不仅要适应既定课程，还要积极主动地理解课程设计者的意图与主旨。这就要求教师对现有学生的水平、接受能力、学习需求等有充分的了解，进而不断提升教学理念、知识水平与实践能力，只有这样才能更好地解读教材编写者的意图，更好地进行课程资源开发与设计，展现自己对教材和英语课程的独特理解，彰显出自己课堂的独特性与创造性。

此外，教师还是学生英语学习的促进者和指导者。因此，教师要帮助学生确立英语学习的目标，深入了解学生学习风格、学习特点、学习策略，帮助学生找到适合自己的学习方法，开发其英语学习潜能，培养其自主学习的良好习惯，使其具备终身学习的能力。

（二）开发原则

教材开发应以课程教学要求为导向，即根据教学目标和学生的需求，遵循国家或地区相关的课程教学要求。教材应紧扣课程教学要求中规定的教学目标和要求，通过有针对性的教学内容和活动，帮助学生实现这些目标。

高校英语教师对教材的多维度开发是一个综合考量的过程，基于课程标准并与教材编写者、教育者、学习者相互适应。教材开发需要教师对课程标准进行正确理解和把握，将课程标准中规定的学习目标、要求与教学内容相结合。教师可以对教材进行心理化和教学法的加工，根据学生的认知水平、心理特点进行调整与处理，使教学内容更加符合学生的需求和接受能力，以提升学生的学习效果。教师在教材开发过程中可以根据学生的学习特点和教学目标的需要，改变和调整知识的传授方式和呈现形式。教师可以通过创设情境、提供真实材料、设计互动活动等手段，引导学生积极参与到教学过程中，从而更好地掌握知识与技能。教师还可以在教材开发过程中充分利用自己的专业知识与经验，发掘教材的多元化课程意义与价值。教师可以从课程内容的深度与广度进行拓展，引导学生思考和探索语言深层次的内涵和应用，促进学生的批判性思维和创造性思维的发展。

（三）开发维度

教材的多维度开发可以概括为以下几个维度。

1. 语言维度

语言是一切教材内容的载体，涉及非常广泛的领域，大体可分为语言内容和语言技能。语言内容包括语音、词汇、语法、功能和话题，语言技能则包括听、说、读、写、译等。这些语言内容和语言技能是教材中学科知识和技能培养的重要组成部分，它们存在于教材的各个角落，教材通过解释、例子、课文、练习、任务等形式，帮助学生全面掌握语言知识和提高语言运用能力。具体来说，在语言这一维度，教材开发通常需要考虑以下问题。

①教材是否与学生的学习需求相符?

②教材中语音学习是否包含了对重音、连读、弱化等的训练，是否包含了该采用哪些方式展开语音教学?

③教材中词汇的数量是否合适，词汇的难度是否适中?

④教材中的词汇是采用结构化有目的的方式呈现出来的，还是任意呈现的?

⑤教材中是否需要专门的词汇教学，如何培养学生对词汇的敏感性?

⑥教材中是否涉及了充分的语法练习?

⑦教材中涉及了哪些语法项目?

⑧教材中是否充分覆盖了听、说、读、写、译这些项目，有没有涉及综合性的学习活动?

⑨教材中是否体现了语言的合适性，是否确定了学生语言运用的情境与领域?

2. 内容维度

这里所说的内容是指教材包含的情感、态度与文化等非语言方面的内容，指教材的主题、选择的学科内容及通过教材所传递的社会文化价值观。语言与情境有着密切的关系，语言不可能脱离具体的情境而独自存在。将语言仅仅视为抽象的系统是不够的，教材中的语言实际运用形式可以通过真实情境、真实对话和真实文本等方式呈现。教材可以引入真实世界中的情境和场景，让学生在真实的语境中学习和运用语言。此外，教材还应该结合一定的社会文化价值观与主题，使学生在学习语言的同时，了解和理解所学语言所承载的文化内涵。

内容维度还需要考虑教材内容对学生是否适用，是否能够引起学生的兴趣，是否与学生的知识体系密切相关。同时，还应该考虑教材中所涉及的社会文化语境能否被学生理解。

3. 结构维度

教材结构一般是指教材内容组织的结构线索。语言学习内容都是按照一定的规律或理论，以某种方式来安排的。选择什么样的教材内容、按照什么样的顺序来编写教材，都应该建立在促进学生学习这一目的上。虽然教材的形式不同，但是都与功能、情境、话题紧密结合。各种教材结构体系的区别主要体现在侧重点、主次线索的差异上，因此教师需要从学生实际的接受能力出发，选择适合的内容来组织教材，恰当地调整教材的进度与顺序。

4. 能力维度

在实际的交际中，知识和能力密切相关；但是知识与能力获取的途径存在差异，前者是通过“发现”“呈现”等手段来学习，即使掌握了也可能会忘记；后者则是靠具体的练习来把握，一旦获得就是持久性的，很难忘记。在语言教材开发过程中，语言技能非常重要。以语言学习为主要内容的英语教材，除需要对基本的语言知识有所涉猎、对一定的社会文化价值观有所体现外，还需要让学生获得相应的语言技能，让学生真正地学会应用语言。因此，听、说、读、写、译五项技能的训练在语言教材中不可或缺。教师对教材进行多维度开发，需要将听、说、读、写、译这五项语言技能的培养在教材中充分体现出来，同时还需要保证听力材料的真实性、材料难易程度的恰当性、听力录音的清晰性、口语材料与学生生活情境的契合性以及与学生的真实互动性、阅读材料语言表达的地道性及充足性、写作量的恰当性及适切性、翻译难度的合理性等。此外，教师还需要注意综合技能的开发，学生只有不断参与各种活动，才能不断提升自己的语言能力，不断学习如何运用语言。

与语言技能相比，学习技能具有广泛性。对于英语这门学科而言，学习技能主要指的是学生采用的具体学习策略、学习方法、学习技巧，因而教师要运用这些学习技能不断培养学生的听、说、读、写、译这五项语言技能。

二、基于教材多维度开发的高校英语教师专业发展路径

当前我国市场上有很多可供选择的教材，有国家统编的，有国外引进的，还有一些出版社为了满足市场需求而编写的等。这些教材的理论依据不同，对语言与文化内容的处理也必然存在差异。对此，英语教师应该有效地选择教材、全面地钻研教材、合理地开发与改编教材，并参与课题研究与课程建设，以促进专业发展。

（一）有效地选择教材

在选择教材时，教师首先需要考虑的是英语教学的需求。具体而言，教师应该根据四大需求合理地选择教材。

1. 针对国家需求

（1）是否能够提高教育质量，发展学生的综合能力

在我国现代化建设与发展中，人才强国战略是国家的一项重大战略。因此，教育质量的提升已经成为当前高校教育改革的目标，而英语教材是否优秀，直接关乎现代化建设下英语综合型人才的培养。教师对教材进行多维度开发，要考虑教学环境、教学资源等多个因素，从而提升学生的综合能力。

（2）是否能够培养具有国际视野的国际化人才

选择教材时，教师不仅要考虑学生的英语水平与能力，而且需要引入先进的文化，开阔学生的视野，培养学生的跨文化意识，逐渐培养他们容纳其他文化的意识，最终将学生培养为具备国际视野的人才。

（3）是否能够传承中华优秀传统文化，推动中西方文化交流

教材不仅是英语知识、英语技能的载体，也是中西方文化交流的手段与途径。因此，教师选择教材时，不仅要考虑对西方文化的介绍，还需要考虑对中华优秀传统文化的展示与解读，并引导学生使用英语来传播中华优秀传统文化，推动中西方文化的互动与交流，使英语教材真正为传播文化服务。

2. 针对社会需求

（1）是否能够培养专业知识与英语能力兼具的复合型人才

当今社会对复合型人才的要求越来越高，学生除了要学习本专业必备的知识外，还需要学习大量的英语知识与英语技能，但是高等学校的专业非常多，英语教材不可能做到囊括无遗。因此，教师在选择英语教材时，要考虑专业知识与英语知识的融合，看英语教材是否将专业知识纳入英语教学与学习之中，英语教材能否反映出学科的前沿性，能否让学生成为具备专业知识与英语能力的复合型人才。

（2）是否能够培养创新能力与应用能力兼具的高素质人才

英语教材必须为培养学生的创新能力与应用能力服务。因此，英语教材要包含多个层次、多个目标的活动与练习，要做到从简单到复杂逐步推进，不仅要将模仿、记忆活动包含在内，还要以对话的形式展开口语输出，在培养学生实际应用、独立思考的过程中，锻炼学生分析问题、解决问题的能力。

3. 针对教师自身需求

（1）是否能够提供教学理论和教学方法的指导

虽然英语教材的编写大多由国家教育部门或权威人士完成，但是作为直接开

展教学的主体，教师需要从教材中获取教学方法、教学理论，并对学生进行恰当的指导。

同时，教材编写者为了更大程度地提升教材价值，需要在前言中对内容安排、背景知识等进行简要说明，这样便于教师进行选择，也让教师的教学目标更明确。

（2）是否能够合理安排教材内容，提高教材的使用率

在选择英语教材时，教师要关注教材内容安排的合理性。一些高校英语课程中使用的教材内容安排往往比较复杂，但是每周的课时比较少，这就使得一些教材缺少实际的使用价值。因此，教师在选择英语教材时需要将英语课时安排等因素考虑进去。

4. 针对学生需求

（1）是否能够明确学习目的，清楚教材编写的意义

在选择英语教材时，教师要考虑学生的兴趣和积极性，要看教材是否将提升学生的综合能力在教学中的各个项目中得以体现，是否将培养学生的综合能力纳入项目之中，还要看教材编写的意义是否明确，是否可以为顺利完成英语语言知识与技能的培训提供支持，是否可以为英语考试提供辅导。

（2）是否难度适中、有区分度

各地教育发展水平存在差异，来自不同地区的学生英语水平也存在差异。因此，教师在选择英语教材时，要考虑教材的内容是否适合不同层次的学生。

在教材多维度开发之前，教师需要对教材进行不同水平的测试，从而为同一教学主题下的教材内容配备不同梯度的辅助材料。同时，同一册的不同单元以及同一系列教材的不同册之间，应该保证难度系数的稳定，避免出现大的起伏。

（3）教材内容是否具有多样性与趣味性

信息化时代的到来与发展，对学生的行为与思想都会产生或多或少的影响。因此，教师在选择英语教材时，要注意教材在选题上是否关注热点话题，是否紧扣时代脉搏，是否题材广泛、主题多样。只有具有多样性与趣味性的英语教材，才能不断提升学生的英语综合能力。

（4）是否能够提供学习建议

教师在选择英语教材时，要考虑教材是否将学生学习规律与学习过程的任务设置、不同阶段相结合，为学生提供更有意义的学习方法。教材应通过课前预习、课后评估等，加深学生对学习过程的认知，从而让学生有意识地成为知识的建构者，并培养学生的自主学习意识与能力。

（二）全面地钻研教材

英语教材对于英语教师的职业生涯、学术发展、英语技能的个性化发展来说非常重要。作为英语教学的载体，英语教材也是教学大纲在教学目标、内容等层面的反映。就知识的呈现方式而言，英语教材也是教学法的应用与体现。英语教师对英语教材的认知水平决定着他们对教材的使用水平。对英语教材进行深层次的了解与把握是提升高校英语教师专业发展的一项有效途径。

高校英语教师对英语教材的实际运用，从教学维度来看主要包括以下三个方面。

①对英语教学目标、教学内容加以理解，并对这些教学目标、教学内容进行取舍。

②对英语教学环节、教学方法进行安排与设计。

③对英语教材的使用结果进行反馈，并预知教材的整体效果。

下面这三个层面解释了高校英语教师对教材使用的大致过程。

①对教材进行理解与判断，获得教学目标，选择教学内容。

②组织实施教学工作，运用一定的教学方法对教学活动环节予以安排。

③进行反思，对教学效果予以检测，总结教材使用过程中的经验。

英语教材是编写者教学思想与理念的反映。通过对教材进行多维度开发，英语教师可以解决“教什么”“如何教”等问题，并且能够明确“为何要这样教”。在教材多维度开发过程中，英语教师不仅是实践者，还向着理论家的层面迈进。教师对教材的运用也从经验的、直观的过程逐步上升到理性的、自觉的过程，从而促进专业的发展。

1. 探究教材体现的语言学习规律

以语言学习为主要内容的英语教材，包含了编写者对语言学习规律的基本理念。一般情况下，英语教材包含两种语言学习方法：一是将语言现象直接呈现，对语言规则进行讲解，对语言运用方法进行阐释，然后设置大量练习来让学生复习和掌握；二是在教材中编入大量语言实践活动，让学生接触大量英语情境，在运用过程中理解与掌握语言。

通过对教材的分析，教师能够将隐藏于教材中的学习规律挖掘出来，来判断编写者采用的是归纳过程还是演绎过程，是分析还是综合，是以结果为导向还是以过程为导向等。基于此，英语教师才能帮助学生更多地接触语言情境，发挥教师的指导作用，引导学生积极地参与到活动中，最终提升语言能力。

2. 理解教材中语言材料的选择思路

教材编写者首先需要考虑的问题就是从大量的语言素材中选择合适的材料。入选教材的材料通常具有真实性与代表性，对这些材料展开细致分析，探究材料入选的原则与理由，能够帮助教师对资料进行整合，并为增删教学内容与设计课堂教学提供指导，也为教师进行教材开发提供途径。

3. 理解教材如何帮助学生发展自主学习能力

自主学习是学习者对主导自己的学习进行主动性构建的过程，是基于教育的民主化、终身化、个性化等理念而发展起来的教育策略。随着英语教学实践的开展，以及语言学习"终身教育"理念的兴起，英语学习已经不再局限于课堂上，学习者在课外也要进行英语学习，这就是英语自主学习。

不少学者对自主学习进行了广泛的研究，并在诸多层面上取得了卓越成果。其中，英国心理学家迪金森（Dickinson）曾提出了理想的促进自主学习的材料所具备的特性：有明确的学习目标、有意义的语言输入、材料的灵活性、学习指导、语言学习建议、反馈与测试、保持学习记录的建议、参考材料、索引、动机因素、进步的建议。美国心理学家加德纳（Gardner）和米勒（Miller）对自主学习环境的五大因素界定如下：人（教师等）、资源（教材等）、管理（系统的组织协调等）、个性化、目标设立与监控。

由此可见，英语教师和教材都在学生培养自主学习能力中起着关键性作用。学生自主学习能力的培养关系到他们的创新学习、个性化学习，甚至是终身学习的发展。因此，通过对教材的合理运用，英语教师不仅能够充分挖掘与理解教材对学生自主学习能力提升的意义，还能将教材中体现的自主学习理念运用于具体的教学实践中，从而形成新型的以学生为主体的教学模式。

教材对学生自主学习能力的促进主要体现在以下两个方面。

一方面，教材能为学生自主学习能力的培养创造条件并提供资料支持。首先，教材是课堂教学的载体，它提供了课堂教学所需的教学内容、教学任务和学习资源。教师可以通过教材来组织和安排课堂活动，引导学生进行交流互动和实践活动。其次，教材是学生学习的参考书，其中包含了丰富的词汇、语法等知识，可以为学生提供学习和巩固所需的参考材料。学生可以依据教材进行自主学习，通过阅读、练习等方式来提高英语水平。再次，教材中有关自主学习的内容可以帮助教师进行教学指导。对于缺乏经验的教师来说，教材中提供的指导性内容可以为他们提供教学的方向和方法，帮助他们更好地进行教学实践，从而促进学生自主学习能力的培养。最后，教材还是学生、教师开展各种活动的资源提供者。教材的设计可以为学生提供丰富多样的学习活动，如听说读写、角色扮演、小组讨论等，促进他们积极参与课堂互动。同时，教材也为教师提供了灵感和创造力的来源，教师可以根据教材和学生的需求来设计丰富有趣的教学活动。

另一方面，教材能帮助学生形成良好的学习习惯，培养有效的学习策略。学习策略是学生为了有效学习而采取的各种方法、技巧和步骤，通常可以分为三种类型：元认知策略、认知策略、社会与情感策略。

教材体现了自主学习理念，能够促进学生自主学习和思考。教材作为学生自主学习的客体，可以提供具体的文化、社会等层面的语境，在学习中满足学生的多层面需求，鼓励学生独立思考和学习。教材设计的精心安排和组织也能够帮助学生形成良好的习惯和思维方式，并为学生提供各种学习建议和策略，以帮助其应对各种学习需求。教材和学生之间的互动可以培养学生的策略意识和自主能力，发展学生独立使用语言的能力，进而提高学生的学习效率和质量。在教材的设计和使用中，教材编写者和教师应该注重学生的特点和需求，充分考虑学生的学习背景和水平，创造性地利用不同的教学资源和方法来满足学生的需求和兴趣。教材编写者通过设计具有启发性和趣味性的教材，鼓励学生对学习内容进行深入思考和独立探究，培养学生自主学习的习惯和技能。

英语教师培养学生自主学习的过程，实际上也是培养自己自主学习的过程。英语教师从之前的主要是向学生传授语言知识，变成现在的以学生为主，辅导他们的英语学习，是学生知识学习意义建构的指导者与帮助者。英语教师通过对教材中映射的自主学习理念进行领悟，从课程内容出发，调动学生的学习积极性，努力创造与教学内容相符的情境，提示新旧知识的线索，帮助学生建构知识学习的意义，并在条件成熟的情况下开展合作学习，使这些建构的意义更具有效性，使学生的自主学习能力得到培养，使教师的专业化程度不断提升。

（三）合理地开发与改编教材

教师作为教材的第一使用者，作为实现教材编写者与学生之间知识传递的桥梁，对开发和改编教材具有得天独厚的优势。在教学中，教师可以做到以下几点。

1. 增删、整合教材内容和教学资源

有学者认为，必要时教师可以对教材进行四步处理——删除、替代、补充和

改编，即将教材中不合适的内容删除；用适合学生的教学材料代替；增加教学活动与练习来提升学生的实践运用能力；采用学生容易接受的形式改编教材中的部分内容。

每个学生群体的学习需求和特点都不完全相同，因此教师应根据学生群体的实际需求，灵活地对教材进行删减和调整。这意味着教师可以根据学生的学习能力、兴趣、学科背景等因素来确定教学重点和难点，删减或重新组织教材内容，以更好地满足学生的学习需求，增强教材的适用性。此外，教师还可以通过整合教材和其他教学资源，如多媒体课件、互联网资源等，实现教学资源的有效配置。通过合理利用不同的教学资源，教师可以提供更丰富、多样化的学习材料和活动，以满足学生的需求，提高他们的学习兴趣和参与度。

（1）补充与删减教材内容

对教材内容进行补充和删减是教师处理教材的有效方法。当然，教师对教材内容的补充和删减并不是依据自己的喜好来决定的，而是应该清楚地定位补充与删减的形式、内容、目的，这样才能保证教材内容在补充和删减之后还能与教材编写原则、课程标准、学生的需求相符。

在当前的英语教学中，出现下列情况时往往需要教师对教材内容进行补充。

①课程教学要求中要求学生掌握的内容，但在教材中未得到应有体现或者体现的程度不够。

②教材中各个部分的衔接与学生的实际情况不符。

③教材中呈现的内容不足以让学生对知识完全理解和掌握。

④短时间内发生的与教材内容密切相关的事件可以添加进去。

对教材内容进行删减与上面所说的补充是相反的行为，是教师将那些与教学要求不符、与学生实际情况不符的内容删除。我国地域辽阔，东西部学生的英语接受能力存在差异，统一编写的教材很难照顾全面，这就可能会影响学生对语言的理解、消化和吸收。因此，教师有必要从学生的实际水平、接受能力出发，对教材内容进行有目的的删减，并寻找合适的素材进行补充，以满足教与学的需要。

（2）整合教材和教学资源

教师对教材内容的整合不仅包括对各个单元内部知识的整合，还包括对不同单元之间相近知识的整合，以及对不同版本教材的整合，甚至是对不同学科知识的整合。而教师对教学资源的整合则指的是基于教与学的需要，对固有的教学资源进行筛选、重组和利用的过程。教师对教材与教学资源的整合能够让教学更加适应学生的兴趣和实际需要，让教学内容更容易被学生理解和接受。

2. 合理制作教学课件

教学课件作为一种课程软件，通过多媒体形式呈现教学内容，能够辅助教师进行教学展示和讲解，帮助学生更好地理解和掌握所学知识。教学课件通过融合文字、图像、音频、视频等多种媒体元素，以及动画、互动等技术手段，使教学内容更加生动、形象、易于理解和更具吸引力。教学课件的制作需要考虑教学目标和学生的学习特点，通过合理的结构与界面设计，使教学内容更具条理性和系统性。使用教学课件有助于提升教学的效果和效率。教师可以通过教学课件针对性地组织和呈现教学内容，根据学生的学习需求灵活调整教学进度和内容。学生可以通过观看课件中的多媒体素材，深入理解抽象概念和复杂过程，增强对知识的记忆和应用能力。

随着科学技术的发展，原有的“教师＋黑板＋粉笔”的模式已经无法满足教学需求，课件制作能力也已经成教师专业能力发展的一部分。在当前新的教学模式下，教师需要借助多媒体和网络，基于以学生为中心的课堂设计理念，制作教学课件，丰富课堂教学内容，不断提升学生的语言能力。

教学课件作为教师能力和智慧的集中体现，需要教师具备多种信息素养，包括信息获取和处理、信息组织和呈现、信息传达和交流等。通过课件制作，教师能够不断提升自身的信息素养和技术能力，为教学提供多样化、全方位的支持。同时，持续制作和使用教学课件，可以使教师逐渐发现和解决教学实践中存在的问题，不断提升教学水平和效果。在制作教学课件的过程中，教师需要仔细分析和阐述教学内容，融合不同的多媒体元素和互动设计，注重教学目标和学生的学习需求，这有利于帮助教师更好地理解和掌握教学内容，形成良性循环，不断增强教学效果和提高学生学习质量。

教学课件集技术、教育、艺术于一身。教师要想制作一个优秀的教学课件，离不开教学科学理论的指导，同时需要教师具备高超的教学水平、技术水平与艺术表现能力。优秀的教学课件能将教学内容与多媒体形式密切结合起来，更好地为教学服务。课件的设计与制作也应该遵循“源于教材，高于教材”的原则。所谓“源于教材”，是指课件的主要内容应该从教材中来，教师要以教材为纲，熟悉教材，把握教材的主题与主要内容。课件的制作要服务于教材。课件内容要与教材内容相呼应，但不要照抄照搬教材，应该适当取舍与增添。“高于教材”是从表现形式上来说的。课件的设计与制作不是简单地堆砌，而是应当在深刻理解教材内容的基础上进行再创作，将知识之间的逻辑关系直观地展现出来，促使学生主动思考，从而实现既定教学目标。

第四节　课堂观察与课堂录像

高校英语教师的专业化发展是在教师教育过程中，引导教师以专业的知识、经验为出发点，在教学实践中能够主动发现问题，通过计划、思考、实践等寻求问题的解决方式。在这一过程中，教师通过对教学活动的观察与录像发现教学中的问题，然后对问题进行研究与讨论。可见，课堂观察与课堂录像是高校英语教师专业发展的重要手段，也为教师进行反思性教学提供了保证。

一、课堂观察与高校英语教师专业发展

课堂观察的有效性能够为课堂研究、教学研究以及教师的专业化发展提供第一手资料。课堂观察与传统意义上的听课类似，但也存在不同，即课堂观察主要侧重于教师的专业发展。通过课堂观察，教师可以发现自己与学生的表现情况。因此，课堂观察是教师的一种日常专业活动，目的在于为教师的进一步发展与教学改革提供指导和建议。

（一）课堂观察概述

课堂观察属于一种观察方法，也属于一种研究方法或分析方法。通过课堂观察，教师可以增进对自身行为的认知和责任心。课堂观察可以使教师更加敏锐地觉察到教学中的问题、挑战和机会。通过观察和分析，教师可以更好地理解自己的教学行为对学生学习的影响，发现和改善自己的教学方法和策略。此外，课堂观察还可以促使教师进行批判性反思。观察过程中，教师可以反思自己的行为，思考是否存在可以改进的地方，以提升教学效果和学生学习体验。这种批判性反思有助于教师发展自主性意识和独特的行动能力，从而提高对教学规律的认识和理解。下面对课堂观察进行分析。

1. 课堂观察的释义

课堂观察是一种通过有计划、有目的的观察，对教师的教学和学生的学习进行分析和记录的方法。它可以帮助教师改进教学方法、提升教学效果、促进学生

的学习进步。同时，它还可以为教育管理者提供教学质量评估和监督的依据。

与一般的观察相比，课堂观察强调了明确的研究目的和借助专门的工具来进行观察和数据收集。这有助于教师更深入地了解教学中可能存在的问题，更好地提出改进教学方法和策略的建议，从而提高教学质量和学生学习质量。

2. 课堂观察的特点

课堂观察是一种科学的教育研究方法，与普通的观察相比，课堂观察有自身的特点。

（1）目的性

在进行课堂观察之前，研究者需要明确自己的研究目的。确立了研究目的后，研究者可以制订合适的观察计划和方法，以收集相关数据和信息。观察过程中，研究者需要根据自己的研究目的来进行选择性观察，将注意力集中在与研究目的相关的教育现象和问题上。分析研究者进行观察的目的对于课堂观察非常重要。这样能确保观察过程和结果与研究目的紧密相关，并且为研究者提供更有针对性的研究材料。通过对观察数据的研究和分析，研究者能够对有关教育现象和问题有深入的认识。

（2）系统性

全面、系统地规划观察步骤是确保观察有计划性、有系统性的重要环节。研究者需要事先制订详细的观察计划，包括观察内容、观察时间、观察地点等方面的安排。他们还需要讨论和确定数据的收集方式和分析方法，以及观察者的角色和责任等。这样有助于确保观察过程的顺利进行，并且能够获得真实、可靠的数据。

（3）选择性

观察是有目的、有意识的，因而研究者需要进行选择。研究者需要对观察中的问题进行选择；与普通的日常观察相比，课堂观察更为系统、细致，但是由于选择的存在，其“事实”很难真正做到真实与全面。

3. 课堂观察的方法

一般情况下，课堂观察可以分为两种方法：定性法和定量法。

定性法主要采用归纳法来进行分析与研究。在进行误堂观察时，采用评价性或者描述性的文字来记录当时的领悟与感受；在课堂观察之后，通过记忆对内容进行进一步的完善与补充。

定量法需要运用结构化、定量的观察表来进行观察。在课堂观察之前，观察者需要从主题、观察目的出发来设计图表，如提问技巧水平表、座位表等；在课堂观察过程中，可以运用录音软件或设备来进行考察与分析。

4. 课堂观察的步骤

课堂观察一般分为三个步骤。

（1）观察前

在课堂观察之前，一是对要解决的问题予以明确，保证观察的针对性；二是要根据相关问题制订计划。一般来说，计划的内容包含时间、地点、方式、课次等。如果条件允许，可从具体的要求出发，对观察者进行专门的培训。

（2）观察中

在观察中，教师应选择适当的观察角度和位置，以获得全面且客观的观察信息。如教师可以选择在课堂前排、中间或后排等位置进行观察，以便观察学生的集中程度、互动情况等。教师需要培养良好的观察意识，专注于观察课堂中发生的事件和教学细节。进入观察状态意味着教师要保持专注、细心，并及时记录重要观察结果。教师可以根据需要选择合适的记录手段，可以是文字记录、音频记录、视频记录等。同时，教师也可以结合观察量表来进行记录，以便后续分析和整理观察结果。在观察过程中，教师还应对典型的行为进行记录，特别是记录下实际情况和个人的思考。这有助于更加准确地把握教学现象和问题，并为后续的分析和反思提供有力的依据。

（3）观察后

课堂观察结束后，要对记录的资料、收集的材料进行分析与整理。课堂记录的资料分为两种：一种是定量性质的，另一种是定性性质的。这两种资料所采用的分析手段不同，但是目的是相同的，即通过系统的分析，对课堂行为间的关系进行了解与把握，解决课堂中存在的实际问题。通过分析与整理，所有参与者共同探讨相关的解决方案。

（二）课堂观察对高校英语教师专业发展的意义

课堂观察对于高校英语教师的专业发展有着重要的意义，具体而言表现为以下几点。

1. 课堂观察有助于教师专业发展的实践反思

在教学中，教师专业发展的方式是多样化的，有职前培训、在职学习与培训等。但是，高校英语教师专业发展的动力归根结底在于教师本身。换句话说，高校英语教师专业发展的动力在于教师对自我的分析、认知以及完善。基于这种内在动机，教师需要制订专业发展计划，确立专业发展目标，从而选择适合自己发展的方法与技巧。因此，努力提升高校英语教师的专业发展意识与能力是促进其专业发展的根本动力。这种自我意识的提升关键在于教学实践，从教师的职业特性来说，这种自我意识集中于教师在课堂观察中的自我反思。

基于课堂观察的自我反思是教师在教学中做出的能够产生结果的分析与审视。在反思的过程中，教师将自己视作有见解、有理想、有决策能力的人。这样，教师就会对教学行为、教学计划等进行分析与自评。

反思能力的养成是确保教师继续学习的基本条件。在反思中，教师对自己的专业视野加以拓宽，将自己追求卓越的动机激发出来。同时，这种观察不仅有助于教师对自己的教学实践与教学行为加以改进，还有助于教师不断提升自身的教学水平与教学质量，促进自身的成长。

课堂观察是教师专业发展中一项重要的实践活动，对教师的专业成长和教学质量的提升有着重要的作用。课堂观察有助于教师发展自己的判断能力，使其能够系统地分析自己的教学行为，找出教学中存在的问题并加以改进。通过观察和反思，教师能够深入了解自己的教学特点、优势和不足，有利于形成自我反省和批判精神，从而有针对性地改进自身的教学方法和策略。此外，课堂观察也为教师之间提供了合作的机会。教师可以通过相互观摩和评议，分享教学经验和探讨教学问题，从而促进共同成长和提升教学水平。这种协作和交流有助于解决教学中存在的现实问题，激发教师的创新精神和探索精神，推动教学质量的不断提升。

2. 课堂观察有助于加强教师对课堂的驾驭能力

教师进行全面、系统的观察对于保证课程的顺利进行和获取评价资料具有重要意义。通过全面的观察，教师能够准确地记录下学生的学习状态、课堂的教学氛围、教学活动的效果，以及自身的教学行为和管理情况。这些记录为教师在课后进行审视和反思提供了实质性的依据，有助于他们更好地了解课堂中的种种细节、识别问题、总结经验、改进教育教学方法。此外，通过全面的观察，教师还能够及时发现并解决课堂中可能出现的问题，确保教学正常进行，为学生提供更好的学习体验。同时，全面的观察也为教师的评价提供了更多客观的评价资料，有助于获得更准确的评价结果，从而为教师的专业发展和提升提供有益的指导。

教师能够从课堂观察中发现自己或其他教师可能存在的问题，还可以通过观察记录学生的学习情况、教学活动的效果及自己的教学方式与方法，深入了解自己的教学特点、优势和不足，进行自我反省和批判，并积极主动地寻找合适的教学策略和方法，改进教学中存在的问题，提升自己的教学技能与效果。在课堂观察之后，教师之间可以进行交流和讨论，分享教学经验，共同思考教学中的问题和改进的方向。这种协作和交流有助于教师相互启发、互相学习，激发创新意识，共同解决教学中的难题。

3. 课堂观察有助于教师教学风格的形成

教师的教学风格是其专业发展的一项重要标志，它体现了教师的教育理念、教学方式和个人特点。课堂观察对于教师来说是发展独特教学风格的重要基础。在课堂观察的基础上，教师可以进行深入的反思和探索，梳理自己的教育哲学观、教学价值观和实践性智慧。教师可以通过观察的反馈和学生的需求，结合自身的教学经验和教育信念，逐渐形成独特的教学风格。

教学的独立性和个人技能的强调使得教师在教学过程中具有较大的自主权和自我决策权。然而，如果教师长期缺乏反省和自我评估，就可能陷入思维定式，失去对自身教学的深入思考和提升的意识。这可能导致教师对新教育理念、教育方法和教育科技的敏感度下降，无法及时适应教育环境的变化和学生学习需求的变化。

教师为了获取专业的反馈和建议，促进自我反思和提高教学水平，同时也为了形成良好的教学氛围和促进教师间的交流与合作，有必要主动呈现自己的课堂，请其他教师或者学校领导对自己的课堂进行观察与督导。

作为自身课堂的观察者，教师可以观察学生的学习状态、学习习惯、学习动力等方面的表现，这有助于教师更好地了解学生，从而有针对性地开展教学。同时，教师还可以观察教学过程中的细节，如教学资源的利用、教学环境的营造、学生互动的情况等。这些都为教师的教学改进和提升提供了有益的信息和线索。另外，通过深刻的反思，教师可以对自己的教学行为、教学效果以及学生的学习情况进行全面、深入的思考和总结。教师可以反思自己在教学中的得失，寻找改进和提升的可能性，并梳理自己的教学理念和教学策略。通过不断自我反思，教师可以持续丰富自己的教学智慧、提升自己的教学水平。

作为被观察者，教师愿意向其他教师或者学校领导敞开自己的心扉，观察者也因此可以观察到更真实的层面，从而对教学中的问题与行为进行有意义、科学的分析。如果被观察者能够主动邀请其他教师或者学校领导来观察，也不介意暴露自身的问题，而观察者也能够做出相应的回应，那么整个课堂观察过程的效果一定令人满意。

观察者与被观察者之间的互动是教师教学理念和教学风格逐渐形成的重要过程。观察者与被观察者的互动，帮助教师对自身的教学进行理性、客观的认识。观察者提供的观点和反馈，可以帮助教师认识到自己教学中存在的盲点和问题，促使教师重新审视和思考自己的教学理念和实践。同时，教师在这个过程中也会逐渐认识到自己内心深处认可的教学理念和教学风格。这种互动促使教师在教育实践中进行深入的思考和反思，对他人给予的观点进行斟酌与借鉴，不断调整自己的教学理念和实践，从而逐渐形成自己的教师教育哲学观，创造出教师自己独特、个性化的教学理念和教学风格。

二、课堂录像与高校英语教师专业发展

课堂录像是近些年发展起来的高校英语教师专业发展的有效路径。通过观看录像，教师可以发现自身的不足，其他教师也可以给予其意见和建议，从而更好地促进教师专业发展。

（一）课堂录像的分类

对课堂录像，可以从以下两点进行理解。

①对教师的教学过程进行录像，并将录好的内容进行储存、备份，然后作为教师教研资料、学习观摩资料等进行借鉴与学习。

②在各个领域专家的指导下，拍摄的各种各样的视频资料。

从广义上说，可以将课堂录像分为三类：课堂视频录像、课堂实况录像、为观摩学习而拍摄的录像课程。下面做详述。

1. 课堂视频录像

课堂视频录像是指在课堂开始之前预先为课堂教学准备的相关资料，如电影片段、文化介绍视频等都属于这一类。在教学中，教师通过幻灯片（PPT）链接等，将这些视频录像加以呈现，使课堂更加生动、有趣，使学习材料更加多样，这在一定程度上也增加了信息量。

目前课堂教学中常见的方法就是下载与链接课堂视频资料。在英语教学中，视频资料主要来源于网络，教师可以将古典与现代英美文学影片片段等作为素材，通过下载、剪辑等手段进行加工，链接到 PPT 之中用于课堂教学，这样可以提升课堂教学的质量与效果。

2. 课堂实况录像

课堂实况录像是指对教师的课堂教学进行全程的实况录制，涉及教师在教学中的所有环节，如教师如何导入课程、如何与学生进行互动、在课堂中教师使用何种语言、教师取得怎样的教学成果等，目的是便于教师进行反思与评价。

通过课堂实况录像，教师可以知道自己课堂安排的时间是否充分、备课情况是否合理、教学环节连接得是否连贯、教学进度是否与自身的预期相符、教学组织情况是否有序、学习后学生的综合能力是否得到了提升等。

3. 录像课程

录像课程是指相关专业的专家、优秀学者等对特定内容的教学以示范课的形式进行录制的课程。近些年，国内外高校关于这方面的课堂内容非常丰富，各级教育机构、学校也纷纷建立了网站，供其他教师学习，甚至进行学术层面的探讨。

与其他学科一样，英语教学的发展也是与时俱进的，网络资源平台的构建呈现出勃勃生机。近年来，远程教育与继续教育已经成为国民教育的重要内容，也是实现教师终身教育的重要手段。随着公民教育的普及化与大众化，很多受教育者采用远程教育与继续教育的手段，对自己的专业知识进行强化，这就大大拓宽了远程教育和继续教育的范围，极大地发掘了类似录像课程的多种教学资源，丰富了网络资源平台的内容。从学校教育到终身教育，从学历教育到非学历教育，从学业专攻到技术培训，从行业钻研到跨界联系，网络课程应有尽有，这也体现了国民教育市场的繁荣局面，也最大限度地满足了学习者的需求。网络录像课程通过多视角、多维度在各个领域应用，进而构建终身教育体系，成为远程教育与继续教育的一项基本途径。

（二）课堂录像在高校英语教师专业发展中的运用

课堂录像不仅能够反映出教师在教学中的优缺点，还能够将平时在课堂中忽视的问题加以呈现，从而引起教师在这一层面的重视。课堂实况录像对于教师专业化发展的促进主要体现在以下几点。

①获取信息反馈。课堂录像有助于教师理解自己课堂教学的有效性，如果利用得当，还能够为教师提供客观的信息。

②学会内省。对观看课堂录像所得到的反馈，教师要能够灵活分析运用，要学会自我评价，而非完全依赖外部的评价。

③教师专业发展中的一个很重要的方面是要学会承担责任。教师只有具备这种精神，才能积极面对课堂录像所反映出来的正面或负面的情况。

④寻找教师专业发展所需的生长点。只有明白了这一层面，教师才能够尽力地去实现目标。课堂录像给观看者提供了一个客观、真实的记录，如教师课堂的语速情况、行为表现、肢体动作、内容呈现形式、练习的量、师生话语的比例、内容的组织等。观看录像是自己看还是与他人一起看？选择什么样的同伴一起看？选择这样的同伴一起看的原因是什么？教师本人想要改变哪些层面？这些都与教师本人的价值取向有着密切的关系。因此，课堂录像对于教师的成长与发展而言有着巨大作用。

在国内，也有很多教师利用课堂实况录像来不断促进自身专业发展，且很多学者认为课堂实况录像是校本教研的一项重要内容。新教师对自己的课堂教学进行录像，让有经验的教师进行指导，可以对自己的课堂进行改进。课堂实况录像有利于新教师对课堂微技能的细致领悟，是在校本教研环境下促进其发展的有效途径。

除此之外，课堂视频录像与录像课程也与高校英语教师专业发展有着密切联系。

高校英语教师专业发展与教育技术密切相关。例如，华南师范大学教育信息技术中心把广东省高校教师教育技术培训普及到省内各级院校，专项承担了教师教育技术推广任务，这对大力推进教育改革有积极意义，对教师专业发展具有促进作用。

与其他学科教学一样，高校英语教学在将现代化教育手段推向课堂层面一直走在前列。当前，PPT 已经成为英语课堂教学的主要工具，而课堂录像的应用将有效推动英语电化教学与立体化教学的进步与发展。音视频材料的制作、多媒体素材的处理与收集、精品课程的建设等，已经是高校英语教师专业发展的重要组成内容。高校英语教学新理念的形成与实施离不开现代教学手段的辅助与推动。将视听说课程进行有效整合，即融合声音、图像、情境等为一体，成为高校英语教学的主要研究热点，而课堂录像作为促进高校英语教师专业发展的一项重要手段，也正在得到更多关注。

课堂录像与高校英语教师专业发展有着密切的关系，集中反映了四大教研教改活动。下面就详细论述课堂录像与四大教研教改活动课程的关系。

1. 课堂录像与示范课

英语示范课是高校英语教学长期以来推广的教学途径之一，是促进教学交流、开展课堂自我反省的重要手段，有助于教师挖掘深层次的教学内容，开阔学生的视野，提升高校英语教学教研水平。

英语示范课起着对先进英语教学理念传播的作用，其中运用了很多先进的教学方法，在深化高校英语教学改革中意义重大。

现代多媒体技术在英语课堂教学中的应用是英语示范课得以开展与推广的关键。其中，高校英语课堂教学中使用的录像材料，如文化纪录片、影视作品，给英语课堂教学带来了巨大的信息量。这种巨大的信息输入在英语课堂中表现得尤为明显，因为英语课堂教学依赖英语国家本土语言的大量输入，并通过课堂的互动交流促进英语运用能力的提高。

一方面，课堂录像中的视频材料在示范课中的应用让广大英语教育工作者看到了课堂录像材料在英语教学上的重要突破，认识到这是对传统英语教学资源不足的弥补。课堂录像材料对于英语教学的重要突破表现在两大层面。

①极大地增加了视听量。在传统的高校英语教学中，教师往往重视对读写能力的培养，而忽视听说能力的培养，淡化了交际。学生极少获得视听输入。课堂录像的引入使得视听量增加，保证了英语发音的纯正性与准确性。

②增加了对英语国家文化广度的了解。网络资源的更新与发展极大地丰富了英语国家文化背景知识。丰富的网络资源可以提供各地的民俗风情，并以课堂录像的形式加以呈现，增加了学生对英语国家文化背景的了解。

另一方面，课堂录像的应用能够使每一位学生获得平等的信息输入与输出的机会，有助于实现教学的公平性与客观性。基于课堂录像的会话学习任务和语言习得活动设计不仅面向整体，而且面向个体，一定程度上可以为学生提供较为公平与客观的学习情境，尤其是对于会话能力较弱的学生。

在语言交流互动情境中，面向全体的导入与呈现有助于提升整体的语言输入与理解的信息量，从而获得较好的课堂学习效果。在双向交流互动中，个体也可以考虑自身的情况，不断调整与修正自身的会话内容，进而促进自身的语言输入与理解。这种整体与个体相结合的教育设计理念关注课堂交际，有助于提升教学的有效性。

这样看来，录像片段的课堂植入设计有助于会话的学习和语言的习得。录像片段的课堂植入可以对学生进行语言训练，有效整合基础知识和基本技能，充分发挥学生语言认知潜能，激活其知识背景和激发其学习热情，可以实现英语基础知识学习和英语基本技能训练的双赢。

另外，课堂录像又以录像课程的形式作为示范课被广大教育工作者学习借鉴，这主要体现在教研教改和继续教育学习内容中。

2. 课堂录像与公开课

公开课为教师提供了一个展示、交流和学习的平台，作为一种有计划、有组织的正式授课，教师通过公开课有机会在特定人群（学生、其他教师等）面前展示自己的教学风采和专业素养。这种展示不仅有助于提升教师的自信心，也能够为他们赢得外界的认可和尊重。同时，公开课也为其他教师提供了一次难得的观摩和学习机会，有利于促进教师间的交流与合作。在公开课中，教师不仅能够展示自己的教学水平和教学理念，还能够接受来自观摩者的指导和评价。这种指导和评价有助于教师发现自身教学中存在的问题，提升教学方法和技巧，促进教学水平的提高。此外，公开课还能够为教师提供一个共同探究与交流教学经验和方法的平台，促进教师的专业成长和教师间的知识分享。

在近些年的高校英语公开课教学中，教师往往运用课堂录像，如音乐电视类、新闻播报类和民俗介绍类等视频，使教学更加生动。这些课堂录像在教学的各个环节得以展示，从而调动了课堂的气氛。

3. 课堂录像与精品课程

精品课程与示范课程在性质上有所不同。示范课通常反映的是日常课堂教学活动的突出特征，而精品课程则是对某一领域、某特定课题的教改趋势和方向的前瞻性的研究项目进行的一整套、一系列和相互联系的教学活动安排，主要包括课程设计、授课计划、教案、学案、课件、课堂实况录像、配套作业、测试卷和教学反思等全方位的各级精品课程指标所要求的必备内容、环境和条件。其中，课堂实况录像是重要的评估指标。

精品课程往往由学科带头人牵头，由骨干教师带队，目的是运用先进的教学理念与方法共同展示英语课程。根据《教育部关于启动高等学校教学质量与教学改革工程精品课程建设工作的通知》，要建立各门类、专业的校、省、国家三级精品课程体系，并在组织规划精品课程建设时，充分考虑学科与专业分布以及对学校教学工作的示范作用，要把精品课程建设与高水平教师队伍建设相结合。各高等学校还要切实加大和保障对精品课程建设的经费投入。各高等学校要根据要求，认真规划、精心组织，尽快启动本校精品课程建设工作，并保证精品课程的可持续发展。

精品课程中的课堂实况录像指的是利用摄录设备对课堂教学过程加以录制，将教师与学生的真实情况实录下来的录像，集中反映了教师在本学科建设中的带头作用。国家相关部门对各级精品课程的技术指标进行了规定，目的是建构出高水平、有代表性的课程在网上播放，实现真正的资源共享。

通过录制精品课程的课堂实况录像，可以将课堂教学内容、教师教学态度、采用的教学方法、教师素质、实施教学的效果等展现出来。因此，课堂实况录像在精品课程推广中有着重要的作用。

通过观看和学习精品课程的课堂实况录像，学习者可以学习和借鉴主讲教师的教学方法、教学环节间的处理和个性化的教学风格，并将其与教案中预设的教学目的、预期的教学效果结合起来，观察能否达到预期的教学目标。课堂实况录像是精品课程审批材料的重要组成部分，从精品课程的课堂实况录像里，评审专家可以看到主讲教师的教学态度、教学技能、教学方法、教学效果以及对现代教育技术等教学手段的应用情况，所以课堂实况录像应该力求以最佳的拍摄效果展示出来。不过，在实际拍摄中，有的授课教师在面对镜头时或过于随便，或过于紧张，直接影响了预期的效果，摄制人员也因为水平参差不齐而使拍摄效果截然不同。

4. 课堂录像与继续教育

继续教育是指教师和其他教育行业从业人员进入工作岗位后继续学习或在职进修，以拓宽知识面，以及提高自身的专业能力、业务水平、教育修养、教学操作能力等为目的。目前，许多继续教育项目多以录像课程的学习和研讨为主要的学习形式，使学习者在工作之余不断提高专业技能和相关知识水平，实现终身教育的目的。

许多高校则把网络录像课程和现场专家讲座结合起来，把静态的专研和动态的调研结合起来，把硬指标的学习项目和灵活的学习方式与内容结合起来，多渠道、多范围地建构继续教育的知识体系。总之，各高校以实地观摩学习、调研考察和经验交流为主，以网络录像课程、视频资料和专题报告学习为辅，全方位反映继续教育的专业构建。

各地高校应从英语教学的特点和当地英语教学的现状入手，分析和讨论本土化的继续教育教学模式，探讨适合该地区继续教育的对策、措施和方法，为继续教育的课程设置、师资培训、教材编写、课堂录像和视频制作等提供理论依据，促进继续教育的课程结构与课程体系的有效改革，实现弹性和柔性的继续教育管理、课程开发和相关方面的建设。

第五节　教学案例与行动研究

教学案例与行动研究是教师专业发展的两个行之有效的路径。教学案例是教学课堂记载，教师对其进行学习与使用，有利于提高自身的教学水平。教师开展行动研究，自主进行反思性探索，有利于解决教学中的实际问题，从而提高教学质量。

一、教学案例与高校英语教师专业发展

（一）教学案例的定义

教学案例指优秀或典型的教学课堂记载，供教师学习、交流、借鉴和推广。

高新芝对“案例”一词的研究，有助于我们更深入地理解这个概念。根据高新芝的观点，“案例”被解释为有一定价值的典型的事例①。而在英语中，“case”一词曾被译为“个案”，但由于“个案研究”早在心理学中就有使用，并且具有特定的研究方法，因此在教学方法中使用“case”一词时，翻译为“案例”更为贴切。

案例是关于实际情景的描述。案例讲述的应该是一个故事，叙述的是一个事例，要有一个从开始到结束的完整情节，其中涉及相关的戏剧性冲突；案例叙述应做到具体、特殊；案例叙述要将事件置于一个时空框架中，对事件发生的时间、地点等进行说明；案例对行动、人物、事件等的陈述，要将生活的丰富、复杂和多样性呈现出来，揭示出人物的内心世界；案例的叙述要能反映出事件发生的特定教育背景，应以今天所面临的疑难为着眼点，支撑案例的原理或理论可能是稳定的、恒常的，但展示的事实材料应符合时代特点；案例要遵循“用事实说话”的原则以及运用形象概括的方法对现实进行客观的反映。

（二）基于教学案例的高校英语教师专业发展路径

探索基于教学案例的英语教师专业发展路径非常必要。具体而言，可以参考以下路径。

1. 建立英语教学案例库

建立英语教学案例库是促进教师专业发展的一个有效路径。英语教学案例库

① 高新芝. 教学案例述要［J］. 湖北教育学院学报（培训与研究），2002（4）：103-105.

是若干英语教学案例的集合，具有指导教学的现实意义。

英语教学案例库的建立可以依据以下几个方面来进行。

①根据课程类型，如听说课、语法课、阅读课、写作课等教学案例。

②根据教学方法，如任务型教学法英语教学案例库、基于建构主义的教学案例库。

③根据地域特点，如本校英语教学案例库、本市或本省英语教学案例库。[①]

建立案例库需要坚持一定的原则，每个案例的组成部分至少包含以下几个方面的内容。

①事实描述：对案例发生的原因、经过等进行客观、详细的描述。

②相关背景资料：对案例发生的大环境的背景资料进行介绍。

③分析与评价：由相关领域专家给出的分析和评价要切中主题，要具有实际的导向意义。

④相关应用领域：案例可应用的领域。

⑤教学建议：案例在具体的教学中所使用的方法、所需要注意的内容以及相关的建议。

案例的获取可以通过以下途径。

①自行编写案例。

②网上自行下载。

③购买。

2. 将教学案例与课题研究结合起来

教学案例研究将教学案例与课题研究结合起来，是教学行为研究的一种重要形式。教学案例研究是以教师的隐性知识与反思能力的提高为中介的。在教学案例研究过程中，一方面，教师外显自己的隐性教学知识、分享他人的隐性教学知识，实现教师个人的隐性知识增长；另一方面，教学案例研究一直伴随着教学反思与实践反思能力的提高，而知识的增长与反思能力的提高对教师专业发展具有重要的促进作用。

教学案例研究要求教师将自己在实际教学中遇到的问题转化为案例，并通过深入的分析和反思，探索问题的根源和可能的解决方案。这种实践与反思相结合的过程有助于教师深刻理解教学实践中的挑战，并为教师寻求解决方案提供有力支持。通过案例研究，教师可以积极地设计和尝试解决问题的方案，并通过实验

① 陈仕清. 英语教师专业发展新路径［M］. 南宁：广西教育出版社，2012.

和反馈收集数据，评估不同方案的有效性。这有助于教师找到更加有效的教学方法和策略，从而不断改善教学行为。教学案例研究的最终目的是提升教学效果。通过不断研究和改进，教师可以更好地适应学生需求，提供更优质的教学服务，从而提升教学效果和学生学习成效。

教学案例研究与教师专业发展是紧密相连的。教学案例研究促使教师反思教学实践中的问题，并挑战传统的教学观念。教师通过研究案例，发现新的教学策略和方法，不断更新自己的教学观念，提高自身的教学能力。教学案例研究鼓励教师进行自我反思，深入分析教学行为和教学效果。这种研究性的思维和能力培养，能激发教师的研究与创新能力，有助于教师提升自己的专业发展水平。通过案例研究和专业发展，教师能够发现教育工作的内在价值和意义，增加从教的乐趣，提升内在的幸福感，体验到教育工作者的尊严和成就感。

教学案例研究是在同伴互助和专业引领的基础上进行的。教学案例研究鼓励教师之间的合作研究，教师可以结成研究伙伴，共同研究实际教学中共有的问题或案例。通过互相分享经验、观点和资源，教师能够从同伴的反馈和建议中获得帮助和支持。教学案例研究也强调教师与理论工作者之间的合作。理论工作者可以提供专业引领和指导，为教师的研究提供理论支持和方法指导。这种合作能够帮助教师更深入地理解和运用教育理论，并提升他们的研究和分析能力。教学案例研究通过同伴互助和专业引领，促进理论和经验的分享。教师可以互相分享自己在教学实践中的案例和经验，共同探讨并解决问题。同时，理论工作者也可以将前沿的研究成果和理论观点分享给教师，促进他们的专业发展。

教学案例研究具有开放性，不仅促进了教师个体的专业成长，还有助于形成更加多元、包容的教育研究和实践环境。教学案例研究鼓励教师不仅从自身的实际教学中寻找解决问题的路径，同时也积极借鉴其他教师以及相关的教育理论和实践经验。这种开放的态度使得教学案例研究具有包容性和多样性。教学案例研究鼓励教师之间进行交流与分享，敞开心扉接纳来自同事、同行的研究成果与实践智慧。这有利于激发教师之间的合作与学习，共同促进教育教学领域的进步和发展。教学案例研究持开放态度，从教育理论和实践经验中寻找可以借鉴的思路和经验，这对于促进课堂教学的改革和创新具有积极的作用。教师可以通过吸收新的思想和理念，不断完善自己的教学实践，提高教学质量。

3. 开展英语教学案例校本培训

英语教师要想使教学理论学习更有效，必须以实践为基础。真实、生动的教学案例是一个行之有效的学习载体，但是有关英语教学的案例多种多样，其他高校的优秀案例不一定适合本校。这时，高校可以考虑开设适合本校实际的英语教学案例校本培训。

高校要开展教学案例校本培训，首先要对教学案例中的问题进行收集。这里的“问题”就是教师在本校日常教学活动中遇到的疑惑、困难和热点问题等。收集问题的方式有很多，如调查问卷、教师访谈、实地观察课堂等，培训者可以灵活选用。受训教师也可以通过分析教学案例，对相关的问题进行总结、分析以及反思，将所有的问题组成问题包呈现给培训小组。

在收集问题后，高校根据问题的性质与特点引入理论培训，这是开展教学案例校本培训的主要任务。受训教师对照专家的讲解，结合自己的经验进行反思。在此过程中，任何一个参与者都有可能成为另一个或一群受训者的专家，教学案例校本培训的目的是通过对问题进行分析找到最佳解决方法。

通过提出问题、接受培训、讨论问题、解决问题，教师不断反思、不断总结，从而巩固自己的教学理论知识，提高自己的教学实践水平，促进自身专业发展。

二、行动研究与高校英语教师专业发展

（一）行动研究的内涵

西方的社会科学工作者认为，“行动”“研究”两个术语主要用来说明不同的人从事不同性质的活动。“行动”指工作者在实际工作中所开展的实践活动与任务。“研究”指受过专门训练的专业工作者、学者、专家针对人的一些活动展开探索，以找到其中的规律。

我国有学者对于行动研究提出了以下四种观点。

①一种具有系统性、反思性的探究活动。

②是教师针对自己教学过程中所遇到的问题展开的直接调查、分析与研究。

③由一系列步骤组成。

④目的是不断改进教学，促进最佳教学效果的达成，同时深入理解与认识教学过程。

可以看出教师行动研究主要是一种解决问题的研究，关注的是某一特殊情况下的某些问题，目的是找到解决这些问题的最佳方法。

笔者将教师行动研究界定为，教师在自我的责任感、事业心等的驱使下，全身心投入教学工作，对教学、学习中所遇到的问题进行系统性研究，从而找到合

理解决办法的一种研究方法。行动研究的核心内容就是教师的反思过程，包括对自身的反思、对教学实践的反思、对学生的反思等。行动研究的目的是解决教学中的实际问题，行动研究有利于增强教师的理论意识和科研意识，提高教师的整体素质，提升教学效果。

（二）行动研究对高校英语教师专业发展的意义

行动研究对促进教学改革、提高教学效率以及推动英语教师专业发展有重要的理论意义和现实意义。

1. 能够促进教师教育观念的更新和专业知识体系的完善

通过行动研究，教师可以深入实际的教学过程中，发现并理解教学中存在的问题和挑战。在确定研究方向后，教师可以制订具体的行动计划，并实施相应的教学改进措施。行动研究的特点在于其紧密结合了教学实践和研究过程，强调教师在解决问题和改进教学中扮演积极的角色。从而让教师焕发出一种主人翁的精神，让教师将教育作为一项事业。在行动研究过程中，教师对自己的教学行为不断反思、探索，有助于其对教育教学形成正确的看法。因此，行动研究有助于促进教师教育观念的更新。

研究课题是真实且实际的，与教师的教学实践紧密相关。这样的课题能够让教师更好地理解问题的本质、原因和影响，并帮助他们在实际工作中应用所学知识和研究得出的结论，从而不断提高知识迁移运用的能力，并将自己的知识不断沉淀。行动研究提高了教师对教育实践的洞察力，促进了教师专业知识体系的完善，有助于教师自身的专业成长，同时也为教育领域带来了创新和发展的机会。

2. 能够提高教师的教学实践能力

在教学实践中，行动研究对于教师专业发展的意义主要体现在以下几点。

①行动研究以改进教学工作为首要目标，教师在教学实践中面临着各种问题和挑战，这些问题可能涉及教学方法、学生学习效果、课程设计等方方面面。通过进行行动研究，教师能够深入思考并针对具体问题进行系统性的研究和改进，从而促进教学工作的改进和提高。

研究的课题应扎根于教师的教学实际工作，只有这样的课题研究才能具有生命力和实用价值。通过解决实际问题，教师可以培养问题意识，激发解决问题的欲望，进而努力寻求问题的答案。这种问题解决的过程不仅促进了教学工作的开展，还提高了教学质量，促进了教师的专业发展，提升了教师的专业水平。教师在行动研究过程中还能够获取新的教育知识和技能，为学校教学质量的提高和教育教学的改革做出贡献。因此，行动研究对于促进教师的专业发展和提升教学质量具有重要意义。

②行动研究注重研究者和行动者的紧密合作，强调教师在研究的同时能够积极参与教学实践，并将研究成果直接应用到教学过程中。通过这种合作，教师不仅可以在实践中发现问题、深入研究问题，还能够立即将研究成果转化为教学行动，推动教学实践的改进。

在行动研究中，教师是行动者和研究的主体。教师可以从专家学者那里学习一些研究的技能和技术，了解研究方法和技巧，学习如何通过对问题的深入思考和分析，从理论的高度来解决实际问题。专家学者的指导和支持有助于教师在行动研究中更好地把握研究的方向和方法，避免在研究过程中出现偏差和盲点。通过专家学者的引导和指导，教师能够从专业的角度思考问题，发现有价值的研究课题，并将其集中、纯化，确保研究课题既与教育研究背景相符，又具有实践意义。这样的研究课题能够更好地推动教育实践和教学改进，并对学术界产生积极的影响。同时，专家学者的指导还有助于教师避免将因对教育研究背景不理解而产生的问题当成行动研究的课题。理解和把握教育研究的背景和理论基础，能够帮助教师更好地进行研究设计和分析，确保行动研究的科学性和有效性。

③行动研究要求行动者参与研究，对自己的实际工作进行反思和评价，以实现对自己工作的有效监控。

通过参与行动研究的过程，行动者将会对自己的实际工作进行深入反思和评价。他们会审视自己的教学实践，分析教学过程中的成功经验和取得的进步，也会识别和思考存在的问题和不足之处。这种反思和评价能够帮助行动者更清晰地认识自己的教学实践，形成全面的视角，从而为改进教学实践和提高工作质量提供有力支持。同时，行动研究也能够帮助行动者实现对自己工作的有效监控。通过对教学实践的反思和评价，行动者能够及时发现问题、调整教学策略、进行改进和优化，从而实现对教学工作的持续跟踪和监控。教师的教学监控过程是一个螺旋式发展的过程，也是一个反思性的行动研究过程。在这个过程中，教师的自我监控能力不断提高，教学效果越来越好，教学水平也不断提升。

3. 能够提高教师的科研能力

行动研究主张行动者和研究者合作互助，行动者在研究者的指导下进行研究；研究者根据行动者的具体教学实际，对他们在教学实践中所遇到的问题进行研究。行动者为研究者提供具体的研究背景，使他们做到有的放矢，使研究的问题具体化、个性化，并具有很强的针对性。

行动者在研究过程中可以从研究者那里学到一些研究的技能、方法和技巧，学到他们对问题的理性思维和解决技巧，跳出教学小圈子，从理论的高度对实际问题进行思考，发现有价值的研究课题，提出假设，然后进行研究。

研究者在研究过程中所运用的各种研究方法和资料分析技术，如观察法、问卷法等，可以帮助行动者解决实际问题；在解决实际问题的过程中，行动者就掌握了这些研究方法和资料分析技术，这有助于提高他们的科学研究能力。

第六节　信息素养与教学日志

良好的信息素养可以加深教师对教学内容、教学方法、学生需求等方面的了解，并有助于教师深入科研领域，从而提升其教学和科研水平。信息素养使得教师能够积极地参与终身学习和自我提升。通过信息素养的培养，教师能够更好地利用各种学习资源，积极地更新自己的知识储备，不断拓宽自己的学术视野。教学日志提供了一个良好的反思平台，让教师能够回顾和思考自己的教学行为、教学方法、学生反馈等方面的问题。通过记录教学日志，教师可以深入分析自己的教学过程，找到教学中存在的问题和不足，思考如何改进教学方法和增强教学效果。

一、信息素养与高校英语教师专业发展

（一）信息素养的概念

信息素养这一概念是由图书馆检索技能发展演变而来的。具有信息素养的人，学习过如何将信息资源运用于工作，能够利用大量的信息工具及初始信息源形成信息解决方案来解决问题。

信息素养包括两个方面：信息意识和信息能力。信息意识是指能够意识到何时需要信息；信息能力是指能够定位、评估并有效利用所需信息解决现有问题的能力。具有信息素养的人清楚地知道如何去寻找信息，也知道如何使用信息及如何使他人获知信息。

美国学者夏皮罗（Shapiro）和修斯（Hughes）将信息素养分解为以下七种元素。

①社会结构素养，即了解信息在社会上的分布和生产方式。

②资源素养，即能够了解信息资源的形式、定位、获取方法。

③批判素养，即能够批判性地评价信息技术在智力、人文、社会层面的长处和短处以及收益和成本。

④出版素养，即能将研究成果和想法引入电子公共领域和电子学者圈。

⑤研究素养，即能够了解并使用关于目前研究者工作的信息工具。

⑥工具素养，即能够了解并使用关于教育工作的当前信息技术的实际工具和概念工具。

⑦新技术素养，即能够不断地适应、理解、评价、利用新的信息技术，能够理性地采用新技术。

美国大学与研究图书馆协会（ACRL）指出，信息素养包括以下六种能力。

①能确定所需信息的程度。

②能有效且高效地获取所需的信息。

③能批判性地评价信息及其来源。

④能将所选的信息与自己的知识基础结合起来。

⑤能有效地使用信息实现某个具体的目的。

⑥能了解使用信息所引发的经济、法律和社会问题，能遵循伦理道德和法律规定获取、使用信息。

相较于国外的研究，我国对信息素养的研究较少，仅能从个别学者的界定中了解到有关信息素养的概念。有的学者将信息素养归纳为信息意识与信息伦理道德、信息知识、信息能力三个部分。有的学者从技术学、心理学、社会学、文化学的角度将信息素养定位为信息处理、信息问题解决、信息交流、信息文化的多重建构能力。

（二）高校英语教师提升信息素养的重要路径

1. 自主学习

自主学习是高校英语教师提高信息素养的重要途径，也是最容易实现的一个途径。

（1）自主学习的含义

“自主学习”这一概念早在20世纪就被提出，但关于其定义至今没有达成一个统一的认识。对于“自主学习”这一概念的表达，更是众说纷纭，如自主学习（autonomous learning）、主动学习（active learning）、自学（self-study）、自我管理学习（self-managed learning）、自我教育（self-education）等。这就说明人们对自主学习的研究十分关注，同时说明不同的学者对自主学习关注的角度、重点不同。

为了更好地理解，这里我们主要从广义和狭义两个角度来阐述自主学习。从广义上说，自主学习指的是人们利用各种手段和途径进行的具有目的性和选择性的学习活动。在自主学习中，个体能够根据自身需求和兴趣，自主选择学习的内容、方式和时间，并通过不断调整和反思来实现自身的发展。自主学习注重学习者的主动性和能动性，强调个体在学习过程中的自主选择和自主决策。从狭义上说，自主学习更侧重于学习者在教育者指导下进行的具有能动性和创造性的学习。在这种情况下，教育者充当引导和促进学习者自主学习的角色。狭义上的自主学习强调学习者在学习主体性的基础上，通过积极参与学习活动，实现自主发展，提高学习效果和能力。

自主学习能力是学习者在学习过程中所具备的一种综合能力。它包括学习者需掌握必要的知识和技能，能够自主设定学习目标并制订相应的学习计划，具备有效的学习策略和方法，能够自主评估和调整学习过程，并能够解决学习中遇到的问题和困惑。学习者应具备自主学习的能力和意愿，即具备主动学习的意愿、能够主动参与学习活动、有自我管理和自我控制的能力。自主学习需要学习者具备自我设定学习目标的能力，从而能够激发学习的内在动机，根据自身的学习需求和目标选择合适的学习内容和方法，进行反思和评价，不断调整和改进学习过程。

（2）自主学习的特征

人们在对自主学习的含义进行界定时，试图总结出自主学习的特征。不过，如同其定义众说纷纭一样，自主学习的特征在不同学者看来也不尽相同，这主要是研究的角度和方向不同所致。如一些学者将自主学习视为一种学习活动，侧重于学习者在特定情境下的主动、自主学习行为，包括选择学习资源、制订学习计划、选择学习策略等。另一些学者将自主学习看作一种学习过程，强调学习者在实践中构建知识、理解和运用信息的过程，注重强调学习者在学习中的主体地位和实践性。还有一些学者认为自主学习是一种学习模式，即一种特定的学习方式和组织形式，具有一定的内在逻辑和规律，关注自主学习在教育实践中的具体应用和效果。这些不同的观点反映了自主学习的多维性和复杂性，也为我们深入理解自主学习提供了丰富的视角。无论是将自主学习看作一种活动、过程还是模式，学者都强调了学习者在学习中的积极主动性和自主性，以及对学习任务和目标的自主规划和控制能力。

有学者认为，自主学习者有三个方面的特点。

①自主学习者能够有效地对元认知、动机和行为等进行自我调节。

②自主学习者具备自我监控的能力，能够意识到自己在学习中的表现和进展。基于自我监控的结果，自主学习者能够灵活地对学习活动进行调整。

③自主学习者能够根据学习任务和目标，选择合适的学习策略。他们了解不同的学习策略，并能够判断哪种策略在特定的学习情境下最为有效。自主学习者不仅能够正确使用学习策略，还能够根据学习的情况做出相应的反应和调整。

（3）高校英语教师的自主学习

高校英语教师的自主学习包括以下几种形式：①观看教学录像；②参与网络教育论坛讨论；③阅读相关文献；④观摩他人教学；⑤参加教学研讨会。除此之外，高校英语教师的自主学习还包括向同事学习或者向自己的学生学习。

2. 培训

培训可以说是提升高校英语教师信息素养最直接的途径，也是非常有效的途径。

（1）培训的内容

在培训内容的设计上，最初是以信息技术技能为中心，但是技术培训并不意味着教师能够自发地将信息技术应用于教学，反而可能引起教师对技术的焦虑甚至抵触情绪。因此，后来更多地强调技术与课程和教学的整合，培训的重点从技术本身转向技术的“教育应用”。为了促进英语教学效果的优化，培训要注意以下两点。

①转变旧模式的理念，澄清、落实和强化新模式的理念，特别是澄清教师教育者角色的定位、教学结构、师生关系等内容。

②强调信息技术与英语实际课堂的整合，突出信息技术在教学中的实际应用，不但应包括人工智能、数字化和信息网络三大关键技术工具的应用，还应包括现代教育技术的理念和方法、生态型英语教学环境的构建及信息技术与外语课程整合的方法、案例讨论等内容。

由此可见，技术与英语课程整合能力培训是重中之重。

（2）培训方式

高校英语教师信息素养培训的主要方式包括以下几种。

①体验式培训。教育信息化的基本特点是多媒体化、网络化、智能化，各级培训应在以多媒体和网络为基础的信息化环境中进行。

②分层或分级培训。英语教师的信息素养水平存在巨大差异，这是客观存在的事实。基于此，可进行分层或分级培训。对此，一些学者给出了较为可行的建议，如有学者建议将教师分为三种，区别对待，并有针对性地开展培训。

第一种是信息化教育技术知识薄弱、信息技术能力偏低的教师。相应的培训要求：掌握将信息技术运用于课程教学的基本能力。

第二种是接受过一定的计算机教育，已有一定技术基础的教师。相应的培训要求：进行发展性培训，使他们能够更好地设计多媒体课件和网络课件、能够通过网络教学平台组织教学活动。

第三种是已具备中级水平并能较好地实现信息技术与课程教学整合的教师。相应的培训要求：参加高级研修班，提升研发能力，学习开发信息技术与语言教学相结合的新产品。

③反思性培训。传统的教师信息素养培训更多的是采用讲授式的培训，教师可能会努力学习专家所倡导的理论和介绍的新知识，但在培训之后往往不能将理论和知识在实践中有效地运用，仍沿用自己习惯的教学方式。此时，反思就在“倡导的理论”和“采用的理论”之间架起了沟通的桥梁。在培训过程中，培训者应让教师反思自己的教学活动，分析自己的教学行为、决策和结果，从而进一步改进教学。

需要指出的是，高校英语教师提升信息素养的各种途径各有利弊，应该根据实际情况和不同发展需求，采取灵活多样的提高信息素养的途径。如面对面的培训便于培训师当面指导，优点是节省时间和经费、契合本校教学实际，缺点是个性化、针对性不足；网络协作学习的优点是有很强的自主灵活性，缺点在于培训组织和管理松散，缺乏效率。

二、教学日志与高校英语教师专业发展

（一）教学日志的概念

日志简单来说就是日记的一种，一般是记载每天所做的工作。日志通常会对每天所遇到的事和所做的事进行记录，有时兼记对这些事情的感受，有时也可不

做记录，直接抒发感情。如今，“日志”一词已被广泛运用到各个领域。在教育领域，日志是记录一天的学习、生活及专业发展的载体。

对教学日志的具体概念，不同学者也给出了不同的看法。

美国学者布鲁克菲尔德（Brookfield）认为，研究日志（也称“教学日志”“工作日志”“教师日志”）是教师对生活事件定期的记录，它有意识地、生动地表达了教师自己。它不是仅仅罗列生活事件的清单，而是通过聚焦这些事件，让我们更多地了解自己的假定。① 就这一定义来看，教学日志是一种教师个人的记录文件。教师在结束一堂课的教学或一天的工作后，用教学日志的形式记录自己在教学等工作中的感受和体会，以此为反思的基础。具体而言，教学日志是课堂仔细观察、课后进行记录的报告，它不仅仅是对生活事件的记录，也是教师对教学中于自己有意义、有价值的事件的记录，是对自身工作、学习的反思。

李彦花和陈二伟认为，教学日志可以理解为教师积极主动地对自己教学活动中具有反思和研究价值的各种经验所进行的持续而真实的记录和描写，并在此基础上对其进行批判的理解和认识，从而不断更新观念、增长技能，促进自身专业发展的一种手段和方法。② 这一概念表达更加合理，指出了教学日志撰写的主动性与连续性。教学日志不仅仅是教师日常教学活动的记录，更是教师反思教学的一个契机。教学日志的写作过程就是教师反思自己教学的过程，通过写教学日志，教师可以审视自身工作中的不足，进而提出解决问题的方法。在这一过程中，教师的发展必须根植于自身的教学实践，从中获取丰富的材料，并对其进行加工整理，从而反思和构建自己的教育生活。

（二）教学日志对高校英语教师专业发展的积极影响

1. 教学日志能促进教师的专业成长

教学日志记录教学过程和反思教学思路，可以帮助教师养成系统性思考和自我评价的好习惯，使得教师能够对自己的教学进行深入的反思和洞察，从而更清晰地认识自己的职业和组织教学特点。在写教学日志的过程中，教师可以对自己的教学实践进行自我评价，了解自己在教学中的优势和不足之处，从而为自己提供反思和改进的空间。同时，教师还可以将自己的教学思路和方法与实际教学情况进行对话，来查找哪些方法更为适合自己的教学特点，以更好地完成教学任务，促进自己的成长和进步。教学日志的撰写要求教师在记录教学经验的同时，也要

① 布鲁克菲尔德. 批判反思型教师 ABC［M］. 张伟，译. 北京：中国轻工业出版社，2002.

② 李彦花，陈二伟. 浅析教学日记［J］. 教学与管理，2003（4）：31-32.

进行反思和提问，在深入的思考中发现问题、寻找解决方案，进一步提升自己的教学质量和教学效果。这样的反思和成长过程是教学日志的核心意义所在。

2. 教学日志可帮助教师提高自身的教学研究水平

教师作为教学的组成要素，常年工作在教学的第一线，大多有着丰富的教学实践经验，这为他们创作科研论文提供了最直接的灵感和素材。高校英语教师可以通过撰写教学日志进行反思，对反思中形成的重要观念和教学策略进行归纳总结。这样经过长期积累，就会催生科研成果。可见，撰写教学日志本身就是培养教师反思能力、促进教师专业发展的重要方法，更重要的是，撰写教学日志也是对教师思维习惯、理论水平的研究。总之，教学日志的撰写，可有效提高教师的研究水平，进而使其更好地服务于教学。

3. 教学日志可促进教师之间的交流与学习

教学日志作为一种记录教学过程与反思的方式，具有公开性和共享性。共享教学日志，不仅可以让更多的人了解教师的教学思路和方法，还可以促进教师间的专业交流和互相学习。教学日志的读者群体十分广泛，包括学生、家长、同事、领导、专家等。学生和家长可以通过教学日志了解教学过程中教师的教学思路和方法，同时也可以了解学生的学习情况和所取得的成绩；同事可以通过教学日志了解教师的教学方法和经验，从而互相交流和学习；领导和专家也可以通过教学日志了解教师的教学质量和能力水平，从而进行评估和指导。通过领导和专家的反馈，教师可以了解自己教学中的优点并继续保持，同时可以得到领导或专家的中肯建议；通过与同事进行交流与分享，教师可以获得更加丰富的教学技巧，积累教学经验；通过家长的反馈，教师可以了解自身教学中的不足，努力改进；通过与学生交流，教师可以更好地了解学生，在教学过程中做到因材施教。

第七节　合作学习与校本培训

随着教育形式和观念的转变，教师专业发展得到了人们的普遍关注。教师专业发展应该走学习、实践、反思、合作发展的道路。通过教师专业发展，教师可以获得新的知识和技能，可以与本领域的发展保持同步，可以提高自身素质和职业能力。面对新形势、新任务、新要求，高校英语教师的专业发展已经迫在眉睫。合作学习与校本培训是高校英语教师专业发展的有效路径。

一、合作学习与高校英语教师专业发展

“合作学习”这一名词对于很多人而言已经非常熟悉。人们时常强调学习者要通过合作学习提升学习水平与自身能力，然而教师作为传道授业者，其学识并不是完美无缺的，同样需要时刻提升自己的认知水平，因而教师也可以通过合作学习这一方式提升认识水平和教学水平。

（一）合作学习概述

合作学习是当前比较流行的一种学习方法，该方法被国内外的一些教育专家和教师接纳并广为推崇。这种学习方式迎合了英语教学改革的理念，如果能充分利用，不仅有利于培养学习者的互助合作能力，对培养学习者的团队精神和竞争意识也大有帮助。

1. 合作学习的内涵

合作学习作为一种新的教学方法，最早出现在 20 世纪 70 年代初的美国。在这一时期，学者开始关注学生间协作和交流的作用，并提出了一系列新的教育方法来促进学生间的互动与合作。在 20 世纪 70 年代中期到 20 世纪 80 年代中期，合作学习经历了实质性进展，大量研究得出了许多结论，证明了合作学习对学生的学习和发展的积极影响。

相关研究表明，合作学习能够缓解学习者的心理压力，改善课堂教学氛围，帮助学习者提高学习效果，促进学习者良好品质的形成。在上述作用的带动下，合作学习得到了世界各国教育界的广泛关注，并且成了当代主流教学理论与策略之一，被人们誉为“近十几年最重要、最成功的教学改革”。

合作学习体现出了人类的社会性特征。因此，很多学者并不是只将其作为学习方式展开研究的。人类的社会性表现最明显的特征就是合作。广义上的社会性指的是人在社会活动中所表现出来的特点。狭义上的社会性指的是人对他人或者某一群体所表现出的一些行为。人类社会形成的基本条件就是合作，合作是人类社会发展的重要动力。同时，合作是人类内在的需求和基本属性之一。

合作学习的含义很广泛，既包括协作学习，也包括小组学习等方式，但是无论其采取什么形式，都强调集体性任务的完成。在合作学习的过程中，教师需要充分放权，作为学习的参与者展开具体教学实践。广义上的合作学习中，组员在教师的指导下完成不同的教学任务与教学目标。小组合作可以在课堂内展开，也可以在课堂外进行，每位组员都承担自己的一部分责任，小组成员间共享资源，

从而促进问题的解决。合作学习的基本要素主要包括以下几个。

①小组成员之间相互依赖。

②小组成员之间进行直接的建设性交流。

③教师对小组整体以及小组成员进行成绩的评定。

④小组任务的完成需要使用合作性技能。

⑤小组展开自我评估。

合作学习不仅促进学习者快速完成学习任务，而且可以帮助他们积累知识并增长技能，有利于学习者思维能力、自尊心、自信心等的培养。

2. 合作学习的特征

（1）竞争性相对弱化

传统学习方式中的学习者之间往往是一种竞争关系。然而，合作学习中的成员关系则具有较强的互助性，竞争性相对弱化。这种类型的小组成员关系可以大大提高小组成员共同进步的自信心。

在传统学习方式中，竞争关系导致很多学习者对学习没有太大的兴趣，自信不足，更无法感受到学习成果带来的喜悦。竞争关系下的学习方式阻断了学习者之间知识的交流，有些学习者对自己不自信，完全不敢表达自己的想法，更不能与同学展开学习方面的交流。

与传统学习方式不同的是，合作学习可以为学习者营造良好的学习氛围，促进学习者之间的积极沟通与交流。通过小组合作这一方式，学习者之间可以取长补短、共同进步。学习者可以发现自己在学习中所具有的优点，并改掉缺点，掌握其他同伴更加科学的学习方法，从而提高自己的学习效率。

合作学习不只限于同组之间的交流，还可以展开小组与小组之间的交流，从而实现信息共享的最大化。通过对比不同小组成员的观点，学习者可以大大拓宽解决问题的视野，激发自己对新知识和新技能的渴望，提高自己学习的积极性。

（2）团队意识较强

合作学习可以大大减少学习者之间的竞争，培养他们的团队意识，让他们共同进步和发展。在合作学习的过程中，小组成员需要共同思考，通过分工合作来完成学习任务。可见，小组整体任务的完成建立在每一位小组成员任务完成的基础上。如此一来，每一位成员都会对自己的任务更加重视，在完成过程中尽职尽责。

合作学习十分重视小组成员的进步与提高，小组成绩同样是通过小组成员的合作来实现的，这样可以大大缓解单个学习者面对失败时所产生的恐惧和焦虑情绪。另外，小组合作可以促进学习者之间展开学习意见的交流，而且可以拓宽小组成员的视野和知识面。因为不同的学习者往往具有不同的思维模式，在解决问题时所产生的看法和意见也是不同的，通过合作，学习者可以开拓自己的思维、丰富自己的知识，在互帮互助中增加了解、增进感情。

通过合作学习，学习者可以体验集体智慧所带来的巨大成功，增强团队意识。事实上，合作精神和团队意识对于学习者的学习以及未来的工作都是很有益处的。

（3）有效激发内在潜能

通过合作学习，同组成员之间的竞争大大减少，小组之间的竞争得到增强，如此可有效激发学习者学习的内在潜能。在此过程中，学习者可以培养多种能力，促进知识结构的多样化，从而最大限度地满足小组成员对不同知识的需求。在小组竞争中，学习者为了小组的荣誉积极出谋划策。学习者对小组的贡献一旦得到同组成员的认可，学习积极性就会得到激发。在合作学习的过程中，小组成员为了完成小组任务，会在讨论后合理分配任务，每一位小组成员都会提出创新性、建设性的意见，进而通过分工合作，调动小组成员的积极性，从而完成小组学习任务，成功激发学习者的内在潜能。

3. 合作学习的类型

合作学习主要由小组活动、相互支持、组员间的人际交往技能三个要素组成。

①小组活动。没有小组活动就没有合作学习。小组活动要求小组有明确的学习活动时间、目标、任务，各个组员明确的分工，真实详尽的学习活动反馈。

②相互支持。组员间的利益是联系在一起的，每位组员的学习行为都会对整个小组的学习造成不可忽视的影响，因此组员必须在心理、资源等方面相互支持，才能使整个小组的利益最大化。

③组员间的人际交往技能。良好的小组氛围影响着学习目标的实现，因此组员应该掌握一定的人际交往技能以便创设良好的氛围。这就要求组员之间彼此信任、积极沟通以及正确地处理冲突，这些都是人际交往技能的表现。

在上述三个要素的影响下会产生三个不同类型的合作学习小组，即正式合作学习小组，非正式合作学习小组和基层小组。下面进行具体介绍。

（1）正式合作学习小组

正式合作学习小组指的是按照科学的分组方式进行小组划分，可以用来教授具体的学习内容。在这种小组类型中，学习者通过和他人的合作，使小组成员的学习成果达到最大化。具体来说，需要做到以下几点。

①确定学习小组的人数，并对学习者进行分配。

②指导学习者掌握和运用相关概念、原则与策略。

③布置小组内要合作完成的任务。

④检查学习小组的学习过程。

⑤利用一些技巧和学术知识对小组任务完成过程进行干预与指导。

⑥评估学习者的学习效果以及小组运作情况。

（2）非正式合作学习小组

非正式合作学习小组用来确保学习者在学习时能够做到对信息的积极认知与加工。非正式合作学习小组应该做到使学习者关注学习材料、进入学习状态、确定对授课内容的期望，确保学习者对所学材料进行认知与加工，并对每一节课做小结。学习者可以用3～5分钟的时间来讨论并总结他们所了解的主题，这个主题是在课前或课后的焦点讨论中设置的，这几分钟的讨论可以穿插在整个授课过程中。

（3）基层小组

基层小组是为学习进步提供长期支持和帮助的小组形式。这种小组类型可以在学习过程中给学习者提供所需的支持、鼓励和帮助。

4. 合作学习的步骤

（1）进行合理的分组

因为合作学习就是通过小组成员之间的相互配合展开学习的，所以合作学习展开的前提是对学习者进行合理的分组。分组过程中需要仔细考量，重视小组成员之间的安排，最终保证小组成员在知识、兴趣、能力、性格方面都能更加多样化。多样化的小组成员能够平衡小组结构，最终帮助小组成员展开学习与竞争。

合理分组需要遵循组间同质和组间异质的原则。在这两个原则的指导下，小组成员的知识水平才能更加具有层次性，知识较为丰富的学习者可以帮助指导知识掌握不充足的学习者，从而促进小组任务的顺利完成。学习者之间的互相帮助还能够提高学习者的参与性和积极性，有助于整体学习氛围的形成。

（2）策划与提出问题

策划与提出问题是小组合作学习的重要设计步骤之一。在策划小组任务时，需要考虑学习者的整体情况，同时任务需要具备很强的操作性。问题的设置需要遵循开放性、讨论性的原则。此外，需要确定合作学习小组任务的完成时间并制定具有一定难度的小组任务。这样成员之间也能充分开动脑筋，发挥互帮互助的精神，小组之间也能够互相学习。

（3）控制合作的实施

在合作学习时，各个小组完成任务呈现出阶段性特点。在每一个阶段，小组的学习任务是不同的，因此需要对这一过程进行控制。

在初始阶段，小组的各个成员需要积极讨论和研究任务，每一位成员需要独立思考问题和任务，在这一过程中，创造性思维得到拓展。在此基础上，小组成员之间开展交流，所有成员都发表意见和想法，并对这些内容进行讨论，最终形成小组的统一观点。另外，每一个小组需要推选一个小组代表或发言人，以便将自己小组的任务结果陈述给其他小组。最终，各个小组通过交流实现小组之间信息的沟通，在这一过程结束之后，要对各个小组学习者的表现给出评价。

（4）进行效果的评价

对合作的最终结果进行评价并不是一件简单的事情，其中涉及很多内容。首先，需要对合作学习小组的学习过程、学习结果给出合理的评价。其次，需要对小组各个成员的表现给出恰当的评价。最后，需要对一些表现优秀的小组给出适当的奖励，让学习者切实体会到集体荣誉感。每位成员想要实现自己的个人目标，就必须依赖整体目标的实现，从而培养学习者拥有较强的合作精神以及合作学习能力。

5. 合作学习的理论基础

合作学习的产生与发展是科学理论指导的结果，下面主要介绍几种常见的理论依据。

（1）动力理论

动力理论是由格式塔心理学提出的，动力理论认为，小组成员的个体利益是通过小组的整体目标来实现的，而小组成员之间的良性竞争又可以提升学习的动力，从而有助于小组共同利益的实现。换句话说，小组成员的个人动力和小组的动力是相互关联的，并且只有小组成员都积极地参与到学习过程中，才能达成小组的学习目标。

（2）需求层次理论

需求层次理论是由马斯洛（Maslow）提出的一个心理学理论，它强调了人类的多种基本需求，并认为人们会努力去满足这些需求。合作学习使得学习者能够与其他人共同合作、分享知识和想法，这有助于满足他们的社交需求。同时，通过与他人互动和合作学习，学习者也可以培养关心他人的品质，与他人建立良好的感情关系，在分享知识和帮助他人的过程中获得满足感和归属感。因此，合作学习十分重要，它提供了一种满足人类基本需求的社交环境，有助于提高学习者的参与度，增强其学习动力。

（3）合作学习理论

美国学者约翰逊（Johnson）认为，合作学习的原则表现在以下五个方面。

①学习者需要认同小组成员，对彼此有需要感，从而完成小组任务。

②学习者需要能通过总结、提供和接受各种解释以及详述之前的学习经验来达到交互作用和口头交流。

③学习者需要能各自学习语言材料进而帮助组内成员学习语言材料。

④学习者需要练习必要的社交技能，从而保证小组任务顺利完成。

⑤小组合作过程中必须给予学习者机会，让其去分析小组更好运作和社交技巧运用的方法。[①]

合作学习对于科学利用、充分开发人力资源有着积极的影响，可为现代教学系统注入活力，符合英语教学改革的需求。这种教学方式将教学建立在更加广阔的交流背景上，对于学习者更好地认识教学本质、了解自身的主体地位以及建立良好师生关系具有深远的指导意义。

（二）高校英语教师专业发展过程中进行合作学习的具体途径

1. 参加教研活动

（1）总结回顾、分享教研经验

在完成某一阶段的教学任务后，英语教师需要通过总结回顾，对自己的教学实践做出判断，包括英语教学设计是否合理、教学过程是否顺利、教学目标是否适用于所有学生、自身教学行为是否能够调动学生的积极性，以及教学策略是否有利于教学目标的实现等。

英语教师应在教学过程中进行多方面的总结回顾，进而在教研活动中互相分享与借鉴经验，实现自我完善和自我发展，将历史经验与当前的英语教学实践相结合，走一条适合自己的发展之路。

（2）专业引领教研活动

在英语教师开展的教研活动中，为了提升专业水准，还可以请一些高层次人员（如教育专家）来参加。当前，我国的英语教学改革正在如火如荼地进行，“先

① Crawford. Language and literacy learning in multicultural classrooms［M］. Boston: Simon&Schuster, 1993.

进的理念只有通过研究者与骨干教师等高层次人员的协助与带领，才能促进教师的专业和素质发展”[①]。

通常情况下，能够起专业引领作用的一般是教育研究的专家、专业研究人员、资深教师。英语教师通过向这些人士学习，能够接触英语教学领域先进的经验、技术、思想，从而推动自身的专业素质发展。具体来说，专业引领教研活动需要具备以下几点要求。

①充分发挥专家、英语教师双方的积极性和能动性。引领人员不同，侧重点也不同。科研专家注重的是教育教学的理论，因此其引领的是科研理论与实践的紧密结合。骨干教师注重的是教育教学的实践，因此其引领的是教育教学活动的具体实践操作。但无论是科研专家还是骨干教师，都需要具备较高的专业引领能力，既能够在理论上给予专门的指导，又能够在具体的教学活动中给予建议，以行之有效的方法来帮助教师开展具体的教学活动。被引领教师应该积极主动地配合科研专家、骨干教师的工作，认真听取他们给予的意见和建议，对自己的教学活动进行总结、分析和反思，从而不断提升自身的综合素质。

②目标明确、内容正确、方法恰当。英语教师专业发展的总目标是使学习者能够掌握新知识、新信息，并且能够运用这些新知识、新信息来提高专业素质。事实上，英语教师存在着个体差异，其水平和专业发展方向也必然不同。因此，专业引领人员在进行专业引领时应该从不同教师的实际情况出发，制定科学合理的目标，选择针对性强的内容与方法来进行引领，从而实现引领的有效性和合理性。

③专业引领要做到位，但是不能越位。专业引领人员的引领对于英语教师来说只是提供了必要的引导和帮助，并不是完全代替教师，因此不能越俎代庖。这是因为在专业发展的路途中，英语教师是真正的主体，其实践活动与独立思考等不能被专业引领人员代替。因此，在专业引领中应该让教师自己独立地进行理论研究和教育实践，切实提升不同教师的理论与实践水平。

2. 同伴观摩

同伴观摩是指同事之间互相进行课堂倾听的模式。在该模式下，观摩教师应该保持坦率、真诚的态度，不仅要对任课教师进行监督和评价，还要加倍关注任课教师的教学行为，从而既推动任课教师的专业发展，也对自己的课堂教学有一定的借鉴意义。

① 孟丽华，武书敬．网络环境下大学英语教师专业素质发展研究［M］．北京：外语教学与研究出版社，2015.

美国学者理查兹（Richards）和洛克哈特（Lockhart）经过研究发现，教师在自愿的前提下，与他人进行合作，对彼此的课堂教学进行观摩，描述所观察的情境，然后彼此分享个人总结，并进行客观分析，有利于提高教学能力、增进彼此的理解、加强彼此的认同感。

同伴观摩以英语教师的个体成长为核心，充分利用团体的优势，以期通过实践中教师相互切磋、交流以及分享经验，实现互相学习、优势互补，最终促进英语教师的专业发展。

（1）同伴观摩实施的步骤

同伴观摩一般可以按照以下步骤进行。

①观摩开始之前，教师应就课程性质、所授教材、教学方法、教学对象等内容进行讨论，确保教学活动取得预期效果。

②在第一步基础上，确定观摩重点。

③确定记录的方法，如可在预先制定的清单上将具体的教学行为标注出来或对具体的教学过程进行分析。

④进入课堂，开始观摩。

⑤观摩活动结束后，双方展开讨论，并做出总结。在这一过程中，教师可以发表看法、分享经验、积极反思、取长补短、共同成长，从而促进自身的专业发展。

（2）同伴观摩对英语教师专业发展的作用

同伴观摩对英语教师的专业发展有着重要作用。

①同伴观摩对任课教师和观摩教师都具有重要意义。同伴观摩需要任课教师与观摩教师共同参与、共同合作。对于观摩教师来说，他们观摩的是同伴的教学策略、教学实践、教学效果等，可以从中找出同伴教学的优缺点，并将好的方面运用到自己的教学实践中。对于任课教师来说，他们可以采用观摩教师给予的建议，不断改进自己的教学过程，收获更好的教学效果。

②同伴观摩可避免监督观摩模式带来的不利影响。一般情况下，监督观摩模式带有浓重的监督和评估的色彩，且监督观摩者对于任课教师的评估往往存在较大的主观性与规定性，这极大地影响了任课教师的心情和教学展示效果。相比之下，同伴观摩就不会出现这一情况，因为任课教师与观摩教师的地位、身份比较接近，所以这样的观摩是非常轻松、和谐的，可以促进英语教师教学水平的发展。总之，同伴观摩为英语教师的发展提供了一个平台，推动英语教师向着更高层次的水平发展。

③同伴观摩有利于教师之间建立相互联系、尊重和合作的关系。对于学生来

说，学习专业知识或者英语知识并不是最大的问题，最大的问题是将二者有机结合到一起，进而做到融会贯通。为了满足学生的这一需求，英语教师需要与专业教师充分合作。

只有开展同伴观摩，英语教师和专业教师之间才能建立联系、尊重、合作的融洽关系，彼此完全信任，才能最大限度地实现教学的效果和目标。通过同伴观摩，专业教师可以参与到英语课程教学的具体过程中，两种类型的教师积极创建和谐的工作氛围，彼此认真了解和吸取反馈意见。也就是说，英语教师与专业教师之间的合作应该是一个双向的过程，并取得双赢的结果。专业教师通过分析学生的实际需求，帮助英语教师认识到学生的目标情境诉求；英语教师则能够帮助专业教师了解学生在学习过程中所面临的语言问题。

④同伴观摩有利于建立“同事性”的协同教学关系。英语教学进程的推进需要建立在教师之间彼此切磋、相互学习的“同事性”关系的基础上。同伴观摩倡导教师之间开展持续性的合作研究工作，抛开对抽象理论或道理的争执，共同琢磨课堂中所出现的常见问题以及突发状况，从而有利于建立“同事性”的协同教学关系。

二、校本培训与高校英语教师专业发展

教师的专业发展是一个持续不断的动态发展过程，是一个专业知识、专业能力、专业态度和专业信念不断更新发展的过程。近年来，校本培训在教师专业发展过程中所产生的影响越来越大，因而受到了人们的日益关注。

（一）校本培训简述

1. 校本培训的内涵

在特别强调教师专业发展的今天，校本培训已经成为教师教育受到普遍欢迎的一种模式。英语教师积极参与本校定期举办的教师培训活动，和有经验的教师一起讨论教学中的有关问题，找出其共性以及解决办法，从而使自己在专业知识和职业能力方面得以提高和改善。

1989 年，欧洲教师教育协会指出，校本培训指的是源于学校课程和整体规划的需要，由学校发起组织、旨在满足个体教师的工作需求的校内培训活动。校本培训包括以下四个要素。

①校本培训的出发点，即达到组织的某种要求。

②校本培训以学校为实施的主体，学校有充分的自主权。

③校本培训的目标既要满足教师的需要，也要满足学校发展的需要。

④校本培训的地点宜在校内。

我国有学者给校本培训下了这样的定义：源于学校发展的需要、由学校发起和规划、满足学校与教师发展需要、在校内进行的学习与培训活动。它既可以在某个部门或某个学科组织进行，也可以在整个学校进行，还可以多所学校合作进行。

另有学者用三句话精辟地概括了校本培训的实质：基于学校的培训；为了学校的培训；在学校中的培训。这三句话从培训范围与题材、目的与方向以及场所几个方面阐述了校本培训的内涵。将校本培训归结为一点，即以学校教育实践中的实际问题为中心，以改善教师教育实践为目的的培训。

校本培训以教师在教育教学中遇到的实际问题为培训的起点，换言之，校本培训中的“问题启动”指向意味着教师所培训的内容来自学校教师自己的教育教学实践。就校本培训来说，其培训的内容不但直接来自广大教师的教育教学实践，而且贯串他们的教育教学全过程，培训的出发点和落脚点都是为了教学问题的解决。

2. 校本培训的价值

校本培训的价值体现在以下几个方面。

（1）创立一种学习、思想和关怀的共同体

学校应学会追求个性化与动态化发展，学校发展关注的不再是简单的输入与输出，而是一种综合、自我组织的系统。对学校中的个体学习者而言，校本培训是持续不断的个体学习；对学校中的每个学习小组而言，校本培训是集体、合作、社会的学习；对学校而言，校本培训被看成一种学习系统，具备自成体系的能够推动学校创新、设计发展远景、诊断教学效能以及解决问题的策略。

这就要求：教师成为一个不断学习的学习者；教师间相互学习，形成双赢的教学共同体；学校领导者不断学习，并关注教师的专业成长。思想的共同体不仅是指认识的一致，也包括深刻的思想冲突及共享，以及更深层次的互补。

（2）形成一种新的评价观念

校本培训不应只关注培训成果，还要重视整个培训过程。因此，评价的形式也应由终结性的量化评价转向过程性评价。应改变人们对教师角色和教师形象的传统理解，将反思与培训作为评价教师专业化水平的重要标准之一。

（3）改变教师的角色

教师要实现作为知识分子的价值，就必须营造自我意识、结构条件，从事写作、研究，与其他编写课程的人合作、分享权利。教师需要形成自己的看法与观点，这样才会成为有个性的知识分子，更好地实现知识分子的价值。校本培训就为教师提供了这一可能。

综上可知，良好的教学能力既需要教师自身专业技能的发展，也需要通过严格的校本培训得到支持。

3. 校本培训的特点

校本培训具有以下几个方面的特点。

（1）以学校为本部

培训计划根据学校发展需求而定，课程安排也以促进学习者全面发展为目的来设计，是一种基于学校发展的整体目标而开展的培训模式。

（2）以教师为本体

培训中教师不仅是被培训者，也是培训的制定者和参与者。

（3）以研究为本位

校本培训的内容或者研究课题主要针对学校经常遇到的教学问题、管理问题，教师在培训中研究问题、解决问题，从而提升教师的专业素质以及促进学校的发展。

（4）以实践为本纲

校本培训的纲领特点是为了促进教师教学实践的发展。

（5）以合作为本线

校本培训的过程始终需要师生合作、师师合作、校内外合作。因此，合作是进行校本培训的基本要素与学习方式。

4. 校本培训的组织管理

校本培训的实施需要培训者进行完善的组织管理，这样才能促进培训效果的达成。具体来说，校本培训的组织管理包括以下几个方面。

（1）成立组织指导机构

为保证校本培训做到有人抓、有人管，学校应成立校本培训组织领导机构，如青年教师校本培训指导组，由校长任组长，副校长任副组长，正副主任可作为成员，将培训工作与领导分管工作紧密挂钩，这样有利于工作的正常开展。同时，学科组织和群团组织等可以有机联系，既达到效果，又提高效率，减轻领导和青年教师的负担。有条件的学校还可以专门成立培训处（可以和教研处或教研组相互兼容），选有经验的中老年教师具体负责此事。

（2）制订校本培训计划

计划是一项工作目标，也是一种工作思路。它有前瞻性、规划性和可操作性。它也是学校搞好校本培训的保障。也就是说，校本培训如何搞，外地有哪些好的经验可以借鉴，本校的师资、物质条件的实际情况怎样，学校的校本培训工作思路怎样设计，对于这些，领导必须事先心中有数。校本培训计划需要对培训目标、培训内容、培训时间、培训形式、培训过程的组织管理，以及对培训结果的考评等几个方面做出规划和安排。培训计划既要体现超前性，又应体现可操作性，符合学校实际。在具体的校本培训计划制订过程中，应该注意处理好以下几种关系。

①处理好长远规划和年度实施计划的关系。通常学校对教师的专业发展应有一个长远的打算，最起码有一个粗线条的三年规划。校本培训既要有长计划，又要有短安排。短安排就是制订好每学年和学期的实施计划。实施计划应有可操作性，指导思想明确、分析现状准确、培训内容实在、措施具体，保障校本培训的有序实施。

②处理好共性培训和个性培训的关系。校本培训是学校这个基层单位自我组织的，是为教师的可持续发展服务的，因此各个学校的培训工作存在着共性，如基本常规、基本组织形式相同，基本内容也大多趋向于提升教师的教育理念、转变和提高教师的专业化能力等；但是每个教师又具有不同的个性，因此校本培训应该处理好共性培训和个性培训之间的关系，促进教师的个性发展和自身教学风格与特色的形成。

③校本培训计划应做到五个结合，即自学与讲座相结合，“请进来”与“走出去”相结合，自我钻研与拜师学艺相结合，专题研究与教学比武相结合，理论研究与成果交流相结合。为了使校本培训计划能较好地得到实施，在制订校本培训计划时应尽可能和学校整体计划相一致。

（二）高校英语教师校本培训的具体途径

1. 校本督导

（1）校本督导的内容

校本督导是由高校成员参与的自主与合作的指导过程，目的是改进学校教育实践活动。一般情况下，校本督导主要涉及以下几个层面。

①英语教师的个人发展。这方面主要强调高校应该关注教师的满足与稳定。同时，高校不能忽视教师的身体状况、家庭状况、感情状况等。也就是说，英语

教师的个人发展涉及职业操守、宗教信仰、兴趣爱好、家庭生活、社会活动等方面。

②英语教师的专业发展。这是校本督导最基础的内容，强调教师教学技能的发展和提高。具体来说，英语教师的专业发展主要涉及教学方法、专业知识、课程与教学、实践能力、教育研究、教学目标等方面。

③高校的组织发展。这方面主要强调的是教师生活质量的提高、学习组织氛围的改善、学习发展目标的达成。具体来说，高校的组织发展涉及人际关系、学校规章制度、学校管理计划、学校组织、学校财政、校园氛围等。

需要指出的是，英语教师的个人发展和专业发展、高校的组织发展这三大层面是紧密联系的，三者相互作用、相互重叠。教师的专业发展是以个人发展与高校的组织发展作为保障和支撑点的。

（2）校本督导的形式

校本督导有三种形式：常规督导形式、自我督导形式及教学督导形式。

①常规督导形式。这是一种必不可少的督导形式，其意义与行政监督有着相似的地方。常规督导形式往往由学校主管部门或者院系领导定期组织听课，观察任课教师的课堂行为与教学活动，从而对任课教师提出意见，给予任课教师一定的帮助。

②自我督导形式。这一形式由教师自己制定专业发展规划，然后独自实施，最后完成自己的专业发展规划，实现自己的专业发展。自我督导可以采取多种形式，如参加相关研讨会与座谈会、组织学生评价自己的教学行为、对研究报告和专业杂志进行分析、借助录像等手段来分析自己的教学活动。

③教学督导形式。这一形式主要由督导教师对任课教师进行有针对性的帮助活动，从而进一步提升任课教师的专业技能。这一督导形式是面对面的督导，通常采用的方式有诊断性督导、微格教学技术等。其中，诊断性督导形式是最常用的教学督导形式，其帮助的对象往往是缺乏教学经验的教师，这一形式有助于这些教师解决问题，促使他们向着成熟教师的方向发展。

2. 校本专业培训

在职英语教师队伍整体素质水平的提升可通过校本专业培训来实现。

（1）校本专业培训的内容

①教师在校本专业培训中要系统了解语言教学的基础理论知识和国内外英语教学的发展趋势，把握英语这门学科最新的教学理论和发展动态。

②教师通过校本专业培训要能够将新的教育观念和思想内容融入英语课程的设计、教材的分析以及课堂教学模式的运用过程中。

③教师通过校本专业培训要熟练运用和掌握现代教育技术，如独立制作多媒体课件、在计算机和网络的运用中做到技术娴熟。

④教师通过校本专业培训要掌握系统的英语测试及评估理论，能够运用科学的评价方式来评价自己与同事的教学，以及学生在学习过程中的具体表现。

⑤培训教师要有一定的科研能力，可以在总结中反思自己的教学得失。

总之，教师的校本专业培训需要在终身教育思想的指导下做到贯串整个职业生涯。

（2）校本专业培训的措施

英语教师校本专业培训的顺利进行离不开高校管理部门的支持和帮助。

①高校管理者要更新观念，将教师培训与学生培养放在同等重要的位置，在生活上多关怀教师，减轻教师的低效劳动负担，让教师有充足的时间和精力来提高自己的教学水平和研究、学习能力。

②高校管理部门要为教师提供一种宽松的民主环境，让教师可以自由地发挥和施展自己的个性和才华。

③高校要完善校本专业培训的管理措施，有效解决教师学习和工作之间的矛盾，大力鼓励教师积极参加在职教育培训。

④高校要为教师制定新的考评内容和标准。对于教师教学水平和技术能力的考评，高校一定要避免盲目追求形式和形成恶性竞争，如此才能实现促进教师专业成长的目的。考评的作用之一就是引导教师学会自我总结和反思，以便改善他们的教学方式。因此，考评制度和标准的制定一定要从教师专业成长的角度出发，高校最好能够为教师建立成长档案，帮助教师全面了解自己，进而使教师准确把握自己的成长阶段和发展方向。

需要提及的一点是，有些在职教师对于校本专业培训持有一种“无所谓”的态度，他们认为培训的内容大多“学非所需”。其实，教师可以选择一些“订单式”培训，这种校本专业培训的宗旨就是让教师有自己选择学习内容的自由，也就是说教师是校本专业培训的“客户”，教师在校本专业培训中学习的内容可真正实现“学有所用”。“订单式”培训以教师的个性特点为依据，强调理论与实践相结合，以形成教师个性化的教学风格为最终目标，并且这种培训还有后续长期的指导和实践。

在对教师进行校本专业培训时，高校还需要关注一个客观情况，即教师具有鲜明的个体差异性。现代英语教学要求教师要形成自己的个性化教学方法，要具有特色意识，避免使用单一、模式化、公式化的教学方法，这要求高校在对教师进行校本专业培训时不能搞“一刀切”。也就是说，校本专业培训需要针对不同年龄、水平、特长的教师制定不同的培训项目、标准和进度。现代教师发展的核心不是对教师优劣情况的筛选，而是在承认个体差异性的基础上帮助教师全面认识自己、扬长避短、最大限度地发挥自身的优势，从而使教师在实现自己人生价值方面达到最优化。

参考文献

[1] 张海燕 . 核心素养理念下英语教师教育专业培养模式 [M]. 南京：南京大学出版社，2018.

[2] 员艳萍 . 高校大学英语教学改革研究与分级分类教学模式探索 [M]. 北京：中国文史出版社，2018.

[3] 李红梅，张鸾，马秋凤 . 高校英语词汇教学与习得研究 [M]. 武汉：武汉大学出版社，2016.

[4] 尹欣 . 跨文化交际与高校英语教学研究 [M]. 长春：吉林出版集团股份有限公司，2023.

[5] 周嫚，段潇乐，马燕 . 高校英语教学的基础理论与应用研究 [M]. 长春：吉林出版集团股份有限公司，2022.

[6] 孙志永 . 新时代大学英语教学改革与英语教师专业发浪 [M]. 郑州：河南大学出版社，2022.

[7] 岳淑珍，栗邦德，冯伟 . 高校英语教师专业发展研究 [M]. 成都：电子科技大学出版社，2018.

[8] 裴希山 . 高校转型与英语教师专业发展 [M]. 长春：东北师范大学出版社，2016.

[9] 谢职安 . 高校英语教师专业发展研究 [M]. 北京：知识产权出版社，2014.

[10] 唐馨楠 . 信息化背景下高校英语视听说课程教学策略 [J]. 英语广场，2023（24）：70–73.

[11] 仪志 . 文化意识培养下的高校英语阅读教学探讨 [J]. 英语广场，2023（24）：114–117.

[12] 章洁 . 新媒体技术支持下高校英语翻译教学的创新路径探索 [J]. 新闻研究导刊，2023，14（16）：170–172.

[13] 于书林，朱文蕾，张海霞，等 . 二语写作话语视角下高校英语写作课程建设和教学 [J]. 外语界，2023（4）：42–48.

[14] 武尊民，梁燕婷，王子倩 . 高校英语对话式日志写作的教育教学意义探究 [J]. 外语教育研究前沿，2023，6（3）：47–55.

[15] 贾仕莉 . 课程融合视角下高校英语教学实现路径研究 [J]. 英语广场，2023（23）：105–108.

[16] 李林林 . 高校英语教学中生态环境保护理念的构建 [J]. 环境工程，2023，41（8）：346.

[17] 林晓玲 . 基于大数据人工智能的高校英语教师专业发展研究 [J]. 江西电力职业技术学院学报，2023，36（7）：94–96.

[18] 任志芬，邓新侦 . 地方高校英语师范专业教师教学能力发展研究 [J]. 外国语文，2023，39（2）：169–177.

[19] 黄慧，欧阳超群 . 高校商务英语教师专业发展生态环境的构建 [J]. 江西师范大学学报（哲学社会科学版），2023，56（1）：137–144.

[20] 林丹阳 . 高校英语教学竞赛中优秀教师身体模态使用的研究 [D]. 广州：广东外语外贸大学，2021.

[21] 庞妮 . 中国高校英语专业教师职业发展研究 [D]. 济南：山东大学，2019.

[22] 刘晶 . 高校英语教师专业身份发展叙事探究 [D]. 上海：上海外国语大学，2019.

[23] 宋红波 . 高校英语课堂中的对话教学研究 [D]. 武汉：华中师范大学，2018.

[24] 刘丽亚 . 高校英语教师专业发展研究：基于学生需求 [D]. 天津：天津科技大学，2015.

[25] 汤志明 . 高校英语教师教学学术影响因素研究 [D]. 福州：福建农林大学，2013.

[26] 易宁 . 教师专业发展视野下的地方高校英语教师职业倦怠研究 [D]. 赣州：赣南师范大学，2012.

[27] 郭雪 . 高校英语教学中 PPT 课件的多模态性研究 [D]. 曲阜：曲阜师范大学，2011.

[28] 周一 . 高校英语专业专门用途英语教学情况调查及策略研究 [D]. 上海：上海外国语大学，2009.

[29] 刘芳 . 高校英语教师专业发展中的职业倦怠研究 [D]. 曲阜：曲阜师范大学，2009.